웹 4.0이 온다

웹 4.0이 온다

AI와 블록체인이 만드는 디지털경제

이큰

추천사

기술은 언제나 뒤늦게 이름 붙여지고, 먼저 현실에서 신호를 보낸다. 웹 4.0이라는 새로운 개념도 마찬가지다. 아직 많은 이들이 웹 3.0의 완성과 가능성을 논하는 지금, 저자는 한발 더 앞서 기술의 결합이 만들어낼 변화를 향해 시선을 던진다. 그리고 이 책은 우리가 마주한 시대의 신호들을 제대로 해석하도록 돕는 명확한 나침반 역할을 한다.

   AI와 블록체인은 오랫동안 각각의 영역에서 진화해 왔다. 하지만 이제는 '점과 점이 만나 선을 만들고, 선이 모여 공간을 이루듯' 두 기술이 자연스럽게 결합하며 전혀 다른 차원의 디지털경제 생태계를 만들고 있다. AI가 현실을 의미로 바꾸고, 블록체인이 그 의미를 검증해 신뢰로 고정하는 구조는 이미 금융과 행정, 도시, 산업 현장 곳곳에서 모습을 드러내고 있다. 이 변화는 더 이상 먼 미래의 가능성이 아니라 눈앞에서 일어나는 실재이다.

강병준 전자신문 대표

웹 4.0은 이미 우리 곁에 성큼 다가왔고, AI와 블록체인 기술이 만들어내는 거대한 변화의 흐름은 곳곳에서 감지되고 있다. 디지털 경제의 혁신을 논하고 나선 책들이 넘쳐나는 요즘, 웹 4.0의 방향성과 이에 대한 대응에 관해 짚어주는 이 책의 등장이 반갑다. 혁신은 생각보다 우리 가까이에서 시작된다. 웹 4.0 시대에 관한 현실적 지침서로서 일독을 권한다.

박상진 네이버페이 대표

AI와 블록체인이 만나는 지점에서 비즈니스의 규칙은 새롭게 다시 쓰이고 있다.

이 책은 웹 4.0이 더 이상 미래가 아니라 이미 시작된 질서임을 보여주며, 디지털 경제의 방향성을 판단하는데 필요한 기준점을 선명하게 제시한다.

급변하는 시장에서 한 발 앞서가고자 하는 모든 혁신가와 리더에게 반드시 권하고 싶은 책이다.

신원근 카카오페이 대표

AI와 블록체인의 결합이 열어갈 웹 4.0 시대의 변화를 선명하게 보여준다.

디지털경제의 구조적 변화와 스테이블코인의 전략적 의미를 균형 있게 짚어 업계와 정책 현장 모두에 깊은 시사점을 남긴다.

한국 금융혁신의 방향을 고민하는 이들에게 미래를 읽고 준비할 수 있는 확실한 안내서가 될 것이다.

이근주 한국핀테크산업협회장

웹 4.0은 어느 날 갑자기 등장한 용어가 아니다. 기술은 원래 불연속의 도약이 아니라 긴밀한 연속성과 중첩을 통해 발전한다. 웹 3.0이 아직 완성되지 않았다는 말은 사실이지만, 이미 현장에서 여러 문제들이 빠르게 해결되며 새로운 단계로 넘어갈 기반은 충분히 마련되었다. 저자는 이 점을 정확히 짚어낸다. '준비된 변화'와 '불가피한 진화'가 만나는 지점을 웹 4.0으로 정의하고, 기술과 산업의 연결 구조를 생생하게 풀어낸다.

특히 AI와 블록체인이 실제로 어떻게 결합하는지를 보여주는 설명은 매우 설득력 있다. 오라클 문제를 AI가 해결하고, 블록체인이 그 결과를 신뢰의 형태로 기록하는 구조는 향후 디지털 계약의 기본 패턴이 될 것이다. 더 나아가 스테이블코인 기반의 자동 결제 시스템, 중개 없는 프로그램 간 거래, 실시간 투명성 확보 등은 이미 글로벌 기업과 플랫폼에서 속속 구현되고 있다. 이 책은 이러한 흐름을 단순한 현상 소개에 그치지 않고, 앞으로 어떤 규칙과 경제 논리가 만들어질지까지 깊이 있게 제시한다.

디지털경제에 대한 설명도 이 책의 중요한 기여다. 데이터와 네트워크, 그리고 프로그래머블이라는 세 가지 속성을 중심으로 디지털경제가 확장되고 있으며, 이를 가능하게 하는 가장 효과적인 기술 조합이 바로 AI와 블록체인이라는 분석은 앞으로의 전략을 고민하는 기업이나 정책가에게 특히 의미가 크다. 저자의 시선은 철저히 국제적이며, 기술이 경제 권력의 핵심이 되는 시대를 예리하게 해석한다.

정유신 디지털경제금융연구원 원장

목차

프롤로그 ■ 10

1부 — 웹 4.0의 서막

1장 — 과거에서 미래로, 웹의 진화 ■ 25
1. 웹 1.0에서 4.0까지 ■ 26
2. 웹 4.0의 핵심 요소 ■ 35
3. 새로운 패러다임, AI와 블록체인 ■ 43

2장 — 웹 4.0의 엔진과 토대 ■ 51
1. AI의 역할과 가능성 ■ 52
2. 블록체인의 신뢰 인프라 ■ 62
3. 데이터 보안과 분산화 ■ 74

3장 — 웹 4.0 시대의 징후와 신호들 ■ 83
1. 사용자 경험 ■ 84
2. 디지털경제와 산업 생태계 변화 ■ 92
3. 공공·사회·도시 시스템의 전환 ■ 101

2부 — 돈과 데이터, 코드가 짜는 질서

4장 — 금융과 비즈니스의 재구성 ▪ 111
1. AI 기반 금융 서비스의 진화 ▪ 112
2. 스테이블코인, 화폐가 코딩되다 ▪ 123
3. 통화 패권 전쟁과 다가오는 기회 ▪ 132
4. 플랫폼 권력의 균열과 새로운 질서 ▪ 139

5장 — 프라이버시와 데이터 주권 ▪ 149
1. 분산 아이덴티티와 신원 관리 ▪ 150
2. 데이터 권리와 사회적 신뢰 ▪ 160
3. 윤리적 AI와 책임 있는 기술 활용 ▪ 167

3부 — 웹 4.0이 열어갈 미래

6장 — 혁신에서 제도로, 웹 4.0의 시험대 ▎177
1. 웹 4.0의 설계도 ▎178
2. 스테이블코인의 뜨거운 감자들 ▎187
3. 글로벌 규제 지형 ▎202

7장 — 웹 4.0의 확장 무대 ▎211
1. 기업에서 일상까지 ▎212
2. 결제 혁신과 X402 ▎219
3. 생성형 AI의 궤적 ▎227

8장 — 마지막 질문, 웹 4.0과 우리의 자세 ▎233
1. 현실을 만드는 힘, 규범·정부·운영 ▎234
2. 웹 4.0 시대를 맞이하는 우리의 자세 ▎243

에필로그 ▎248

프롤로그

　새로운 이름이 세상에 앞서 오는 순간이 있다. 웹 4.0도 그렇다. 아직 정식 정의도 없고 뚜렷하게 자리 잡은 개념도 아니다. 우리가 일상에서 경험하는 징후와 신호의 집합일 뿐이다. 그렇기에 다가올 미래의 질서를 미리 상상하고 대비하는 일에는 어느 때보다 깊은 통찰과 예지가 필요하다.

　인터넷의 진화는 언제나 현재를 해석하기도 전에 다음을 예고해왔다. 검색이 대중화되기도 전에 SNS가 등장했고, 모바일 혁신이 자리 잡을 즈음에는 이미 클라우드와 인공지능이 새로운 흐름을 이끌었다. 지금 우리가 웹 4.0을 말하는 이유도 이 때문이다. 흐름은 늘 앞서가고, 뒤늦게 준비하는 자는 뒤처진다는 사실을 우리는 이미 경험으로 잘 알고 있다.

　그러나 인간은 선택을 미루는 데 능하다. 낯선 기술 앞에서 '조금 더 지켜보자'라고 말하는 사이, 표준은 조용히 결정된다. 미래는 기다려주지 않는다. 먼저 이해하고 활용하는 자만이 새로운 일감을 만들고, 먼저 설계한 기업만이 규칙을 바꿀 수 있다. 어쩌면 선점이란 빠른 시작이 아니라 빠른 학습의 또다른 표현일지 모른다.

　역사는 늘 경고도 함께 준다. 1865년 제정된 영국의 붉은 깃발법

1865년 당시의 증기자동차와 붉은 깃발법

(Red Flag Act)을 떠올려 보자. 당시 영국의 도로에는 마차 대신 증기자동차가 서서히 등장하기 시작했다. 하지만 새로운 기술의 등장은 곧 두려움과 거부감을 불러왔다. 자동차 앞에서 사람들은 붉은 깃발을 들고 걸어가야 했으며, 자동차의 속도는 시속 3km를 넘지 못했다.

당시 여론은 두 갈래였다. 전통적 마차 업계와 보수적인 정책가들은 자동차의 소음과 매연이 사회 질서를 해칠 것이라며 우려했다. 반면 기술자와 기업가들은 산업 생산성과 이동성 향상이야말로 국가 경쟁력의 핵심이라 주장했다.

붉은 깃발법은 기존 마차 산업을 보호하는 데는 효과적이었을지 모른다. 그러나 이 법이 30년 가까이 지속되는 동안 영국은 자동차 산업에서 주도권을 잃어버렸다. 반면 독일과 미국은 제도를 유연하게 정비하며 변화의 무대를 열었다. 벤츠의 등장도 이 시기였으며, 도로망 확충과 보험, 면허 제도 정비도 함께 진행되었다. 결국 경쟁력을 가른 것은 기술 자체가 아니라 기술을 맞이하는 태도와 제도였다.

오늘날의 깃발은 단지 형태만 바뀌었을 뿐이다. 앱 속 지갑, 자동결제, AI가 읽고 쓰는 계약, 국경 없는 데이터 등. 빠르게 달리려는 흐름을 불편하게 만들면 시장은 다른 길을 택하기 마련이다. 우리는 길을 막는 대신, 위험이 모이는 가장자리에 표지판을 세워야 한다. 기술력보다 중요한 것은 어쩌면 기술이 마음껏 달릴 수 있도록 허용하는 제도일지 모른다.

길을 막고 늦게 뛰기 시작하면 남이 정한 규칙을 따라야 한다. 그러면 우리 몫의 이윤과 발언권은 얇아질 수밖에 없고, 그 파장은 개인, 기업, 그리고 국가에 서로 다른 모습으로 드러난다.

붉은 깃발이 남긴 교훈은 분명하다. 속도를 막지 말고, 위험을 관리하라. 변화를 억제하기보다 유연함의 문을 열고, 속도를 제한하는 대신 제도를 정비하며, 정지를 선언하기보다 실험할 수 있는 장(場)을 마련하라. 제도가 기술을 품어 신뢰를 만들어낼 때, 혁신은 남의 나라 이야기가 아니라 우리의 일상이 된다.

우리에게 필요한 것은 거창한 용기가 아니다. 한 걸음 앞선 호기심이면 충분하다. 낯선 용어를 자기 일과 연결해보는 상상, 작은 실험을 먼저 시도해보는 실천이 그 시작이다. 이렇게 내디딘 작은 걸음이 조직의 표준이 되고, 산업의 관행을 만들며, 마침내 우리가 사는 공동체의 규칙이 된다. 변화는 언제나 개인의 작은 결심에서 출발한다.

우리는 지금 또 한 번의 갈림길에 서 있다. 모든 길을 막기보다 위험이 모이는 곳에만 표지를 세우고, 나머지는 과감히 열어야 한다. 그때 미래는 주저하지 않고 우리 쪽으로 기울기 시작할 것이다.

웹의 궤적, 그리고 오늘의 질문

인터넷은 20세기 후반, 인류가 만들어낸 위대한 발명 중 하나다. 처음에는 군사와 학술 연구를 위한 폐쇄적 네트워크로 출발했지만, 곧 개인, 기업, 정부의 일상 깊숙이 스며들었다.

인터넷이 보편화된 1990년대의 웹 1.0은 공급자가 정보를 일방적으로 제공하는 창에 불과했다. 도서관의 서가와 크게 다르지 않았고, 우리는 화면 앞에서 읽기만 하는 존재였다. 그럼에도 사회는 이 새로운 창을 통해 연결성과 정보 접근 방식의 근본적 변화를 예감하기 시작했다.

2000년대 초반, 웹은 새로운 양상을 드러냈다. 웹 2.0으로 불리는 이 시기는 사용자의 참여와 공유의 시대였다. 블로그, 위키, 소셜 네트워크가 등장하며 개인은 수동적 독자가 아니라 능동적이고 적극적인 생산자가 되었다. '사용자가 곧 콘텐츠'라는 구호는 당시 변화의 본질을 잘 보여준다. 정보는 더이상 위에서 아래로만 흐르지 않았고, 수많은 개인의 참여와 협업이 새로운 지식과 시장을 만들어냈다.

이후 웹 3.0의 개념이 등장한다. 이때 데이터의 의미는 새롭게 해석되어, 웹을 단순한 정보의 집합체가 아닌 의미와 맥락의 공간으로 확장했다. 검색 엔진은 키워드 나열을 넘어 맥락을 이해하기 시작했고, 추천 시스템은 개인 맞춤형 제안을 일상화했다. 동시에 블록체인은 '탈중앙화'라는 낯선 언어로 기존 질서를 흔들었다. 이 흐름 속에서 우리는 기존에는 의미를 두지 않았던 질문, '웹은 어디로 향하는가'를 묻기 시작했다.

오늘날 우리가 마주한 현실도 이 질문의 연장선이다. 인공지능(Artificial Intelligence, AI)은 인간의 언어와 이미지를 재구성하며 창작과 지식의 경계를 넘나들고 있다. 또다른 흐름인 블록체인은 신뢰와 제도를 뿌리째 흔들며 금융과 거버넌스를 동시에 재편하려는 실험을 멈추지 않는다. 이 두 흐름은 기술의 진보를 넘어서는 강력함으로 사회 구조 전체를 흔드는 새로운 질서의 씨앗이 되고 있다.

그렇다면 이 거대한 변화의 흐름은 우리를 어디로 이끌고 있는가. 지금 우리가 진입하는 세계는 이전 웹의 단순 업그레이드가 아닌, 전혀 다른 '웹의 문법'이 작동하는 지평이다. 데이터가 자산처럼 움직이고, 신뢰는 알고리즘과 코드로 보증되며, 인간과 AI는 공존을 전제로 한 생태계를 만든다. 우리는 이 새로운 국면을 '웹 4.0'이라 부른다.

구분	특징	시기	기술 키워드
웹 1.0	읽기(Read-Only) 수동적 고객, 공급자 마인드	~2000년대	HTML, 게시판
웹 2.0	읽기+쓰기(Read-Write) 사용자의 참여, 공유, 개방	~2010년대	SNS, 유튜브, 플랫폼
웹 3.0	읽기+쓰기+소유(Read-Write-Own) 블록체인 개념의 활용 데이터에 대한 권리와 보상	2018년~현재	NFT, DAQ, 탄소배출권
웹 4.0	읽기+쓰기+소유+이해 (Read-Write-Own-Understand) 초개인화(맥락 상황 이해) 자동화된 프로세스 인간과 AI 협업의 일상화	2025년~	AI 에이전트, 초개인화, 디지털 트윈, 자율웹 등

웹 1.0, 웹 2.0, 웹 3.0, 웹 4.0

　웹 4.0은 아직 완성된 미래가 아니다. 그러나 곳곳에서 관찰되는 기술적 진보와 사회적 징후는 이미 그 이름을 정당화하고 있다. 웹 1.0이 정보의 공개, 웹 2.0이 참여와 공유, 웹 3.0이 맥락과 신뢰였다면, 웹 4.0은 융합과 변환의 시대라 할 수 있다.

기술이 만든 전환 신호

　AI의 등장은 기술 발전의 한 장면을 넘어 시대의 기류를 바꾸는 사건이다. 생성형 모델은 언어와 이미지, 나아가 코드까지 다루며 인간만의 영역이라 믿었던 창의성에 균열을 냈다. 한때 전문가의 손에만 머물렀던 분석과 예측은 이제 누구나 활용하는 일상의 도구가 되었고, 지식은 특정 집단에서 벗어나 대중 속으로 흩어지기 시작했다.

블록체인 역시 기존 질서를 뒤흔들었다. 초창기에는 비트코인에 대한 편협한 시선이나 투기적 요소, 다크웹 거래 같은 부정적 이미지가 따라붙었다. 그러나 시간이 흐르며 기술의 본질은 다른 얼굴을 드러냈다. 은행과 기업이 독점하던 거래 기록은 이제 열린 장부에 기록되기 시작했고, 의지만 있다면 누구나 내용을 확인할 수 있다. 블록체인이 신뢰의 방식을 근본적으로 바꾼 것이다. 금융에서 출발한 이 실험은 행정, 투표, 공급망 관리 등 사회 전반으로 확산하고 있다.

데이터는 이 모든 변화의 동력이다. 기록되고 저장되는 수준을 넘어 사람들의 행동과 선택을 해석하는 자원으로 기능한다. 기업은 이를 토대로 고객 생활에 맞춘 서비스를 설계하고, 국가는 정책을 더욱 정교하게 조율한다. 기록이 힘을 갖는 순간, 사회는 다른 국면으로 접어든다.

분산이라는 흐름도 눈에 띈다. 이것은 마치 한 권의 장부를 여러 사람이 함께 들여다보고 서로 확인하며 운영하듯, 권한과 통제를 한 곳에 집중하지 않고 참여자가 공유하는 방식이다. 이로써 과거 플랫폼 기업이 독점하던 구조에서 벗어나 모두가 주체가 되는 질서를 지향하게 된다. 아직은 실험 단계지만 시장은 이미 변화를 감지하고 있다.

초개인화도 주목할 신호다. 마치 재단사가 개인의 체형에 맞춰 옷을 짓듯, AI는 개인의 패턴을 학습해 삶의 리듬에 맞는 경험을 설계한다. 그 영향은 소비를 넘어 교육, 건강, 금융 전반으로 서서히 스며들고 있다. 이때 개인은 기술이 만들어낸 생태계의 수혜자이자 동시에 데이터 자원을 제공하는 공급자이며, 기술 생태계의 참여자로 새로운 위치에 서게 된다.

다만, 이러한 변화는 기존 질서와의 마찰을 피할 수 없다. 제도와 규제는 여전히 오래된 틀에 머물러 있는데, 기술은 경계를 거침없이 넘어서려 한다. 바로 이 간극에서 새로운 갈등과 위험이 태어난다.

AI와 블록체인이 열어가는 새로운 국면은 기술의 진보를 넘어 사회의 규칙을 다시 세우라는 요구에 가깝다. 이것은 인간의 가능성을 넓히는 동시에 그만큼의 책임을 더한다. 여기서 전환의 신호를 읽어내지 못한다면 미래는 예고 없는 충격으로 다가올지 모른다.

사회와 경제의 변곡점

앞서 살펴본 신호들은 이제 사회와 경제의 변화로 이어진다. 가장 먼저 반응한 영역은 금융이다. 투자 결정은 인간의 경험과 직관에만 의존하지 않으며, 결제 또한 특정 창구나 단말기에 묶여 있지 않다. 인공지능의 계산 능력과 블록체인의 신뢰 구조가 무대 중앙에 오르면서 금융기관은 새로운 규칙을 선택해야 하는 기로에 서 있다.

산업 현장도 빠르게 재편되고 있다. 공장에서는 사람보다 AI와 지능형 로봇이 더 많은 역할을 맡고, 기계음조차 데이터 리듬에 맞춰 조율된다. 생산 공정은 실시간으로 최적화되고, 서비스는 익명의 다수가 아니라 개인의 취향과 행동을 기반으로 설계된다. 웹 4.0이 본격화하면 휴머노이드 로봇이 현장 깊숙이 들어와 산업의 운영 방식 자체를 다시 쓰게 된다.

도시의 풍경도 변하고 있다. 일부 도시에서는 출퇴근길 신호등이 데이터를 읽어 흐름을 조율하고, 전력망은 수요에 따라 유연하게 반응한다. 행정 서비스 역시 창구를 벗어나 온라인과 블록체인 기반으로 옮겨가기 시작했다.

개인의 삶도 이 흐름과 분리될 수 없다. 일터에서는 자동화와 협업 도구가 업무의 방식을 바꾸고, 가정에서는 소비와 교육, 휴식이나 여가 활동이 맞춤형 경험 속에서 재편된다. 웹 4.0이 심화될수록 일상은 데이터와 AI의 조언에 따라 끊임없이 조율되고, 변화에 적응하는 속도 자체가 생존의 조건이 된다.

새로운 기술의 파도는 언제나 소수에서 비롯된다. 창의적 개척자가 길을 열고, 그들의 시도를 신뢰하는 초기 참여자들이 흐름을 확산시킨다. 다수는 대개 뒤늦게 동참하지만, 역사는 이 작은 전위 집단이 문명의 궤적을 바꾸어 왔음을 보여준다.

이처럼 소수가 시작한 흐름은 늘 비슷한 궤적을 그린다. 반짝이는 유행처럼 출발해 곧 트렌드가 되고, 시간이 흘러도 수그러들지 않으면 문화로 뿌리내린다. 그리고 마침내 사회가 공식적으로 신뢰하고 제도로 받아들일 때 비로소 하나의 질서가 된다. 블록체인과 AI 역시 이 길을 걸어왔다. 다만 이번 변화는 속도 면에서 과거와는 비교할 수 없을 만큼 빠르다.

그러나 기회와 위험은 언제나 함께 온다. 혁신은 새로운 가치를 창출하지만, 기술의 격차는 곧 경제적 격차로 이어진다. 편향된 데이터는 사회적 불공정을 심화시키고, 자동화는 일자리의 불안을 키울 수 있다. 빛과 그림자가 동시에 드리워지는 지점이다.

이러한 긴장은 결국 제도의 문제로 귀결된다. 정치와 정책 역시 시험대에 올랐다. 규제가 지나치면 혁신을 막고 느슨하면 혼란을 키운다. 우리를 포함한 전 세계는 사회적 안정과 경제적 성장을 모두 지키기 위한 균형점을 치열하게 찾고 있다. 이것이 우리가 직면한 냉정한 현실이다.

모든 변화의 공통점은 속도와 규모다. 웹 4.0은 작은 파동이 아니라 전 세계가 동시에 맞이하는 전환의 물결이다. 따라서 개인, 기업, 정부 모두가 주체적으로 대응하지 않으면 시대에 도태될 수밖에 없다. 변곡점은 이미 눈앞에 있으며, 선택은 늦출 수 없는 과제임이 분명하다.

이 책이 말하려는 비전秘傳

이 책은 웹 4.0이 눈앞에 다가왔으며 곧 미래를 좌우하게 되리라는 거창한 예언서가 아니다. 오히려 이미 시작된 변화를 독자가 자신의 언어로 이해하도록 돕는 안내서에 가깝다. 그래서 '웹 4.0'이라는 낯선 용어 대신 우리의 일상에 와닿는 장면들을 통해 이야기하고자 한다. 지갑을 꺼내지 않아도 되는 결제, 자동으로 정산되는 저작권료, 스스로 계산하는 도시 인프라, 기록 자체가 신뢰가 되는 세계가 그 예다.

또한 이 책은 웹 4.0을 기술의 한 단편으로 한정하지 않는다. 이것은 사회, 경제, 정치, 문화 전반을 동시에 흔드는 전환의 흐름이기 때문이다. 우리는 기술을 해설하는 데 그치지 않고, 이 기술이 만들어낼 새로운 규칙과 가능성을 독자와 함께 사유하려 한다.

독자가 이 책에서 얻게 될 것은 기술 지식이 아니라 다가올 흐름을 읽어내는 감각이다. 즉, 눈에 보이지 않는 징후를 포착하는 지혜이다. 그래서 이 책에서 말하고자 하는 바를 '비전(秘傳)'이라 부르겠다. 단순한 전망이 아니라 마치 은밀히 전해 듣는 비밀처럼, 눈앞에 다 드러나지 않은 신호들을 함께 짚어보려 하기 때문이다. 다가올 시대의 문은 크게 열려 있지만, 먼저 들어선 사람만이 더욱 선명하게 볼 수 있다.

책의 구성은 세 갈래다. 1부, '웹 4.0의 서막'에서는 인터넷과 웹의 진화 과정을 따라가며, 정보의 창에서 지능과 분산의 복합 생태계로 확장된 오늘의 좌표를 짚는다. 2부, '돈과 데이터, 코드가 짜는 질서'에서는 AI와 블록체인의 융합이 만들어내는 새로운 금융, 비즈니스의 질서를 다룬다. 스테이블코인, 디지털 자산, 프라이버시와 신원 관리 같은 핵심 이슈를 중심으로 디지털경제의 구조적 전환을 살펴본다. 3부, '웹 4.0이 열어갈 미래'에서는 혁신이 제도로 뿌리내리는 과정을 따라가며, 글로벌 규제, 정부와 기업의 실험, 그리고 개인의 선택이 어떤 미래를 만들지 묻는다. 나아가 범용 인공지능인 AGI와 슈퍼 인공지능인 ASI의 도래 속에서 인간은 어떤 자세로 이 시대를 맞이해야 하는지를 탐색한다.

각 부는 피상적인 설명에 그치지 않고 사례와 논지를 유기적으로 엮어 흥미롭게 전개된다. 글로벌 금융 질서, 스마트시티, 데이터 주권 같은 주제들이 등장해 현실과 맞닿은 분석을 제공한다. 국내외 규제와 산업 동향도 꼼꼼히 다뤄 이 책이 기술 해설서 이상의 의미를 지니는 이유를 분명히 했다. 독자는 읽는 과정에서 세계적 흐름과 자신의 선택이 교차하는 지점을 마주하게 될 것이다.

우리가 던지는 핵심 질문은 하나다.

'웹 4.0 시대가 오고 있다. 어떻게 준비할 것인가.'

준비 없는 변화는 위기로 다가오지만, 통찰과 전략을 갖춘 대응은 기회로 전환된다. 이 책을 통해 기회를 현실로 만드는 길을 함께 탐색하고, 정부, 기업, 개인 모두가 각자의 자리에서 새 시대의 주체가 될 수 있음을 보여주려 한다.

물론 우리는 미래를 확정적으로 말할 수 없다. 그러나 가능성을 읽고 대비하는 일은 지금 우리에게 주어진 숙명이다. 기술을 두려움의 대상으로만 보거나 맹목적 낙관으로만 보는 태도 모두 위험하다. 균형 잡힌 시각으로 현실을 직시하도록 돕는 것이 이 책의 목표다.

이 책은 독자와 함께 웹 4.0의 문을 여는 나침반이 되고자 한다. 과거의 길을 되짚고, 현재의 신호를 읽으며, 미래의 지도를 함께 그리고자 한다. 변화의 정점에 선 지금, 우리는 묻지 않을 수 없다.

'웹 4.0은 무엇을 바꾸고, 우리는 무엇을 준비해야 하는가.'

이 물음이 책 전체를 관통하게 될 것이다.

웹 4.0의 서막

1부

과거에서 미래로, 웹의 진화

1장

웹은 단순한 정보 통로를 넘어선 사회의 핵심 인프라이다. 웹 1.0은 일방향 정보 전달에 그쳤지만 곧 사용자 참여가 중심이 되는 웹 2.0으로 발전했다. 이어 등장한 웹 3.0은 데이터의 맥락과 신뢰를 강조하며 새로운 질서를 예고했다. 이제 우리는 AI와 블록체인의 결합 위에 등장한 웹 4.0이라는 전환점 앞에 서 있다. 이 장에서는 과거의 흐름을 되짚으며, 웹이 걸어온 길과 앞으로 나아갈 미래를 함께 조망하고자 한다.

웹 1.0에서 4.0까지

1

 웹 1.0은 1990년대 초반에 등장해 인터넷 대중화를 이끈 첫 세대 웹이었다. 당시의 웹은 정적인 페이지로 구성되었고 기업이나 기관이 일방적으로 정보를 제공하는 단방향 구조였다. 사용자는 정보를 '읽는 사람'에만 머물렀으며, 이는 마치 도서관의 책장을 온라인으로 옮겨 놓은 것과 크게 다르지 않았다.
 특히 HTML이라는 기본 언어로 작성된 웹페이지는 많은 제약을 지니고 있었다. 링크를 클릭해 다른 문서로 이동하는 기능은 혁신적이었지만, 사용자가 직접 참여하거나 의견을 남길 수 있는 공간은 거의 존재하지 않았다. 따라서 웹 1.0은 상호작용보다는 탐색과 열람이 주된 기능이었고, 화면 너머의 세계는 철저히 전달자와 수신자로 나뉘어 있었다.

　기업들도 적극적으로 홈페이지를 개설해 자신을 알렸지만 소비자에게는 기본적인 정보만 제공했다. 광고나 전자상거래를 시도했지만 거래 구조는 오프라인을 단순히 온라인으로 옮겨 놓는 수준에 그쳤다. 따라서 소비자는 여전히 수동적 수용자였으며, 이런 이유로 웹 1.0은 흔히 '읽기 전용 웹(read-only web)'이라 불렸다. 그럼에도 불구하고 이 시기 웹은 세상 사람들에게 새로운 가능성을 강렬히 각인시켰다.

웹 1.0, 정보의 창

　한계를 지닌 채 등장한 웹 1.0이지만 변화의 씨앗이 전혀 없었던 것은 아니다. 가장 두드러진 점은 정보 접근의 민주화였다. 과거에는 도서관이나 특정 전문가만 접근할 수 있었던 자료가 일반 대중에게 열리기 시작했으며, 지식의 유통 속도는 눈에 띄게 빨라졌다. 이 움직임은 곧 새로운 사회 변화를 예고하는 신호탄이 되었다.

　1995년 설립된 다음커뮤니케이션은 국내 웹 1.0의 서막을 연 기업이었다. 1997년 선보인 한메일넷(Hanmail)은 이메일을 인터넷에서 주고받는 새로운 경험을 열며, 온라인이 일상과 업무를 잇는 공간이 될 수 있음을 보여주었다. 이 시기 웹에서 제공한 뉴스와 공지 서비스는 간단한 정보 나열에 그쳤지만, 이용자들에게는 충분히 혁신적이었다. 신문으로만 접하던 전 세계 정보를 집 안에서 모니터를 통해 실시간으로 읽을 수 있다는 경험은 당시로서는 놀라운 일이었다.

같은 시기, 미국에선 아마존이 온라인 서점을 열었다. 당시 웹 기술은 이제 막 이미지 삽입이 가능해진 HTML 2.0 단계에 머물렀지만, 아마존은 책 정보를 검색, 주문, 결제로 자연스럽게 연결했다. 일부 도서에는 표지 이미지까지 제공되어 이용자는 온라인에서도 마치 서점을 거니는 듯한 경험을 얻을 수 있었다. 지금 돌아보면 투박한 시도였으나, 이 실험은 웹이 정보의 창을 넘어 거래의 무대로 진화할 수 있음을 보여준 상징적 장면이었다.

이러한 사례들은 웹 1.0의 한계를 드러내면서도 동시에 그 안에 담긴 거대한 가능성을 상징했다. 즉, 웹 1.0은 기술적으로는 제한적이었지만, 인터넷이 단순한 통신망을 넘어 사회적 플랫폼으로 확장될 수 있음을 보여준 중요한 전환점이었다. 비록 사용자가 수동적 참여에 머물렀지만, 그들은 이미 '더 많은 것'을 기대하기 시작했고, 이러한 기대는 곧 웹 2.0의 서막으로 이어졌다.

웹 2.0, 참여와 공유

웹 2.0은 2000년대 들어 본격적으로 모습을 드러냈다. 블로그, 위키(wiki), 소셜 네트워크 서비스(SNS)가 등장하면서 사용자는 능동적인 수용자로 변모했다. 인터넷을 통해 누구나 글을 쓰고 사진을 올리며 세상과 연결될 수 있었다. 바로 이 변화가 참여와 공유의 인터넷이라는 새로운 개념을 낳았다.

특히 이 시기에는 '사용자가 곧 콘텐츠'라는 구호가 널리 퍼졌다. 수많은 개인이 직접 생산한 글, 사진, 영상이 인터넷을 채웠기 때문이다. 네이버 지식인, 위키피디아, 페이스북 같은 플랫폼은 집단지성이 실제로 어떻게 작동하는지를 보여주었다. 결과적으로 웹은 정보의 저장소를 넘어 지식의 보고이자 대화의 장으로 변모했다.

경제적 파장도 대단했다. 구글, 아마존, 페이스북 같은 기업은 사용자 참여와 데이터를 기반으로 전례 없는 비즈니스 모델을 만들어냈다. 광고는 배너 형태의 광고에서 맞춤형 타깃 광고로 진화했고 이를 통해 플랫폼 기업은 막대한 자본과 영향력을 축적했다. 이 현상은 흔히 '데이터 자본주의'로 불리며, 디지털경제의 새로운 국면을 예고했다.

그러나 참여와 공유의 시대가 긍정적인 면만 지닌 것은 아니었다. 가짜 뉴스, 개인정보 유출, 온라인 중독 같은 부작용이 속속 드러났다. 무엇보다 데이터가 소수의 거대 플랫폼 기업에 집중되면서 독점과 불균형이 심화되었다. 자유롭게 참여할 수 있다는 장점은 곧 통제와 감시의 위험과 맞닿아 있었다. 개방의 이면에서 폐쇄적 권력이 자라나기 시작한 셈이다.

국내에서는 싸이월드 미니홈피가 웹 2.0의 대표적 플랫폼이었다. 이용자는 사진과 음악을 올리고 방명록을 통해 친구와 소통하며 내가 생성한 콘텐츠라는 감각을 처음으로 경험했다. 해외에서는 페이스북이 대학 캠퍼스에서 시작해 전 세계로 확산되며 참여형 소셜 네트워크의 상징이 되었다. 이러한 플랫폼의 등장은 개인이 정보만을 흡수하던 독자에서 사회적 발언권을 가진 생산자로 변모했음을 보여줬다.

웹 2.0은 인터넷의 본질 자체를 완전히 바꿔놓았다. 이제 웹은 단순한 도서관이 아니었다. 그곳은 사람들이 모여 말하고, 만들고, 연결하는 사회적 공간이었다. 사람들은 웹을 통해 협력과 네트워크의 힘을 직접 경험했고, 이 경험은 웹 3.0으로 이어지는 토대를 만들었다.

웹 3.0, 지능화와 분산의 웹

웹 3.0은 흔히 '의미론적 웹(semantic web)'이라 불린다. 정보를 나열하는 데 그치지 않고, 데이터의 맥락을 이해하고 의미를 해석하려는 시도를 본격화했기 때문이다. 검색 엔진은 단어를 기계적으로 매칭하는 단계를 벗어나 사용자의 의도를 추론하기 시작했고, 웹은 점차 지능을 갖춘 존재로 진화해 갔다.

이 흐름 속에서 가장 두드러진 성과가 개인화 추천 시스템이다. 유튜브, 아마존, 넷플릭스 같은 플랫폼은 사용자의 취향과 행동 패턴을 분석해 맞춤형 콘텐츠와 상품을 제안한다. 우리는 종종 '플랫폼이 나보다 나를 더 잘 안다'라는 사실에 놀라기도 한다. 검색하지 않아도

내 관심사와 취향을 앞질러 제안받는 경험, 이것이 바로 웹 3.0이 가져온 변화다.

하지만 편리함만 있었던 것은 아니다. 개인화가 확산할수록 데이터는 소수 기업에 집중되었고, 프라이버시 침해와 감시에 대한 우려는 점점 깊어졌다. 플랫폼은 이용자를 정밀하게 분석했지만, 정작 개인은 자신의 데이터가 어디에서 어떻게 쓰이는지 알기 어려웠다. 그래서 오늘날까지도 웹 3.0은 신뢰와 불안이 교차하는 역설적 풍경을 보여준다.

한편, 같은 시기에 등장한 블록체인의 성장은 신뢰의 구조 자체를 뒤흔들었다. 중앙기관의 개입 없이도 거래와 기록을 보증할 수 있다는 생각은 전통 금융 질서에 큰 충격을 주었다. '신뢰를 코드로 구현한다'라는 발상은 신기술의 등장이나 확장 개념에 머물지 않았다. 이것은 사회 계약 방식에 대한 도전이었다. 그 상징적 사례가 바로 비트코인(Bitcoin)이다.

블록체인은 단순한 거래 기록 기술이 아니다. 정보의 생산, 저장, 소유, 유통의 전 과정을 바꾸며 '가치의 인터넷'이라는 새로운 지평을 열었다. 사실 인터넷이 처음 등장했을 때 사람들은 흥분했다. 정보 비대칭이 줄고 거래 비용이 낮아지면 모두에게 엄청난 보상이 돌아오리라 믿었다. 하지만 현실의 보상은 주로 플랫폼과 중개자에게 집중됐다. 수많은 이용자가 데이터를 제공하고 콘텐츠를 생산했지만, 소유권과 수익 배분의 통로는 좁았고 신뢰를 증명하고 정산하는 비용은 여전히 높았다.

블록체인은 이러한 미완의 약속을 기술적으로 설계하려는 시도다. 누가 무엇을 만들었는지 출처를 영구히 남기고, 권리를 토큰(token)으로 표현하며, 보상 규칙은 스마트 계약(smart contract)에 담아 자동으로 배분한다. 지갑 하나로 참여와 정산이 연결되고, 소액 결제와 분배가 마찰 없이 반복된다. 정보의 흐름 위에 가치의 흐름이 포개지는 순간, 인터넷은 비로소 새로운 경제 인프라로 거듭난다.

물론 아직은 실험의 단계다. 투기와 사기, 규제 공백, 사용자 보호 등 해결해야 할 과제도 분명하다. 그럼에도 불구하고 창작자 보상이나 국경 없는 결제, 공급망 추적, 자산 토큰화처럼 보상과 신뢰가 동시에 작동하는 사례가 빠르게 늘고 있다.

이 가치 계층이 AI와 만나는 순간, 추천이 정산으로 이어지고 사용 기록이 권리의 증거가 되는 시장 즉, 웹 4.0이 예고하는 새로운 질서가 서서히 모습을 드러낼 것이다.

웹 4.0, 융합과 전환

웹 3.0은 여전히 현재진행형이다. 지능화된 서비스와 블록체인의 실험은 삶과 제도 곳곳에 스며들었지만, 데이터 독점과 불신, 투기와 불안정성 또한 그림자처럼 따라왔다. 바로 이 지점에서 의문이 생긴다. 그렇다면 웹 3.0의 성과와 모순을 넘어 우리는 어디로 향하고 있는가.

웹 4.0은 이에 대한 개연성 있는 답으로 제시되는 새로운 화두다. 이전 웹이 기술적 진화를 의미했다면, 웹 4.0은 이전의 모든 단계를 아우르며 사회적 전환을 요구한다. 물론 그 중심에는 인공지능과 블록체인의 융합이 자리한다.

인간의 언어를 이해하고, 이미지를 창조하며, 지식을 재구성하는 AI의 능력이 빠르게 진화하고 있다. 인간만의 영역으로 여겨지던 사고와 창작의 경계는 무너지기 시작했다. 동시에 블록체인은 신뢰와 거래의 방식을 코드로 치환하며, 은행과 정부가 독점해온 보증의 역할을 네트워크와 알고리즘으로 이전하고 있다. AI와 블록체인이라는 두 흐름이 맞닿는 순간, 데이터는 화폐처럼 움직이고 사회는 새로운 질서에 적응해야 한다.

웹 4.0은 개인에게도 특화된 경험을 약속한다. 교육에서는 학생 개개인의 속도와 성향을 반영한 맞춤형 커리큘럼이 가능해지고, 금융에서는 개인의 소비와 투자 패턴을 반영한 자동 자산 관리가 이루어진다. 의료에서도 유전자와 생활 데이터를 활용한 맞춤 치료가 현실화된다. 더 나아가 분산형 플랫폼은 사용자 모두를 주체자로 만들면서 거대 기업 중심의 독점 구조를 흔들 수 있다. 이것은 민주화와 탈중앙화라는 가치가 디지털 공간에서 실험되는 과정이기도 하다.

그러나 전환은 언제나 양면성을 갖고 있다. 효율성과 혁신의 약속 뒤에는 불평등의 우려가 숨어 있다. 자동화와 알고리즘은 일자리를 위협할 수 있고, 데이터 집중은 새로운 형태의 독점을 만들 수 있다. 규제와 제도의 균형, 사회적 합의와 문화적 준비 없이는 혼란이 불가피하다. 웹 4.0은 어쩌면 저절로 오는 미래가 아니라 사회 전체가 함께 준비해야 할 과제일지 모른다.

이미 변화는 시작되었다. 스마트시티 실험, 디지털 신원 인프라(E-ID), AI 기반 공공 서비스, 블록체인 행정망 구축, 글로벌 결제 체계 등. 이들은 서로 다른 모습이지만 모두 같은 방향을 향하고 있다. 웹 4.0은 더 이상 개념적 상상력이 아니다. 현재와 맞닿아 진행 중인 현실이다.

웹 4.0의 핵심 요소

2

과거의 검색 엔진은 질문을 던지면 정해진 답을 찾아주는 기계적인 사서에 가까웠다. 그러나 웹 4.0의 AI는 상황과 맥락을 이해해 가장 적절한 대답을 구성한다. 때로는 사용자가 말하지 않은 필요한 궁금증까지 짚어내며 정보 제공을 대화와 조언의 차원으로 끌어올린다. 차가운 유리창 같던 검색창은 이제 생각을 비추는 거울에 가까워졌다.

2022년 말 출시된 챗GPT(ChatGPT)는 이러한 변화를 잘 보여준다. 챗GPT는 학생의 과제부터 직장인의 보고서, 프로그래머의 코드 오류까지 실시간으로 돕는다. 사람들은 검색창에 키워드를 입력하는 대신, 대화창에서 자연스럽게 질문과 대답을 주고받는다. 놀라운 것은 사람들이 AI와 자기 생각과 감정까지 공유하는 경험을 한다는 점이다.

바로 이 경험이 생성형 AI가 열어젖힌 웹 4.0의 출발점이었다. 챗GPT 이후, 지능화된 웹은 먼 미래가 아니라 이미 우리 곁에 와 있는 현실임이 분명해졌다.

웹 4.0의 심장, AI

웹 4.0의 중심에는 인공지능이란 심장이 뛰고 있다. 이것은 심장이 온몸에 피를 돌리듯 방대한 데이터를 순환시켜 웹 전체를 살아 있게 만든다. AI가 분류와 검색 단계를 지나 의미를 해석하고 미래를 예측하며, 새로운 가능성의 혈관을 연 것이다.

이미 AI라는 심장은 사회 전반으로 피를 흘려보내기 시작했다. 환자 데이터가 병원의 맞춤 치료로 이어지고, 학생 속도에 맞춘 개별화된 교육 콘텐츠가 제공된다. 금융에서는 시장과 투자자의 맥박을 동시에 읽으며 정교한 자문이 이루어진다. 그리고 이 흐름은 멈추지 않을 것이다. 머지않아 인적 구조, 조직 문화, 사업 모델에 이르기까지 산업 전반의 틀을 다시 짜며 기존 질서를 뒤흔드는 거대한 물결로 확산할 것이다.

그러나 심장이 강하게 뛸수록 부담 또한 커진다. 자동화가 확산할

수록 인간은 어떤 선택을 내려야 하고 어디까지 신뢰해야 할지를 고민하게 된다. 웹 4.0의 지능화는 결국 인간과 기계의 경계를 재조정하는 과정, 그 자체다.

AI가 심장이라면, 그 심장을 뛰게 만드는 혈액은 데이터다. 데이터가 풍부할수록 예측은 정밀해지지만, 동시에 개인정보 보호라는 과제도 불거진다. 기술의 발전이 사회적 합의와 균형에 이르지 못한다면, 심장이 뛰더라도 건강한 맥박을 유지하기 어렵다. 지속 가능한 웹의 지능화는 신뢰와 합의 위에서만 가능하다.

웹 4.0의 뼈대, 블록체인

웹 4.0의 또다른 축은 블록체인이다. 이 기술은 신뢰를 중앙기관에 의존하지 않고 설계할 수 있다는 점에서 등장 초기부터 주목받았다. 블록체인은 피상적인 거래 기록 장치가 아니라 신뢰의 구축 방식을 근본적으로 재정의한 시스템이다. 중앙기관이 없어도 데이터의 무결성(원본이 변조되지 않고 그대로 유지되는 성질)을 보장할 수 있다는 점에서 혁신적이다. 지금도 이 원리는 변하지 않았다. 기록은 한번 저장되면 변경이 사실상 불가능하고 모든 참여자가 동일한 장부를 공유한다. 따라서 권한은 분산되고 신뢰는 네트워크 자체에서 발생한다.

현재 블록체인은 금융, 행정, 물류, 공급망 등 다양한 영역으로 확산하고 있다. 예컨대 농산물 유통을 떠올려보자. 생산지에서 소비자

식탁에 오르기까지의 전 과정을 블록체인에 기록하면 위조와 부정을 막을 수 있다. 소비자는 자신이 먹는 음식의 이력을 직접 확인하며 안심할 수 있고, 생산자와 유통업자는 신뢰에 기반한 관계를 형성할 수 있다. 블록체인은 이처럼 사회 전반에, 분산된 투명성이라는 새로운 표준을 제시한다.

국가 시스템도 예외는 아니다. 2015년, 에스토니아는 블록체인을 국가 행정 전반에 도입했다. 국민은 온라인으로 투표하고, 병원 기록과 세금 신고까지 블록체인에 기록한다. 이는 행정의 투명성과 무결성을 제도에 녹여낸 대표적 사례로, 블록체인이 가상자산에만 쓰이는 기술이란 한계를 극복하고 국가 운영 인프라로 확장될 수 있음을 입증하였다.

물론 분산의 원리가 항상 아무런 문제 없이 작동하는 것은 아니다. 네트워크 참여자가 많아질수록 합의는 복잡해지고, 속도는 느려지며, 익명성은 범죄 악용의 위험을 낳을 수 있다. 그럼에도 불구하고 블록체인은 중앙 집중 구조의 대안이자 데이터 신뢰를 재구성하는 토대로 자리 잡았다. AI가 웹 4.0에 지능을 불어넣는 심장이라면, 블록체인은 신뢰를 떠받치는 뼈대다. 두 축이 함께 움직이는 순간, 웹 4.0은 살아 있는 체계로 작동한다.

웹 4.0의 자원, 데이터

AI가 심장, 블록체인이 뼈대라면, 이 모든 것을 움직이는 자원은 바로 데이터다. 데이터는 더이상 데이터베이스나 스토리지에 쌓여 있는 정적인 기록이 아니다. 실시간으로 흐르고 분석되며, 개인의 습관과 욕구, 사회의 흐름과 집단의 패턴까지 담아내는 살아 있는 자산이다. 산업혁명 시대의 석유가 성장의 연료였다면 지금은 데이터가 그 자리를 차지한다.

데이터의 가치는 금융 분야에서 특히 두드러진다. 카드 한 장의 결제 기록은 종이에 불과한 영수증이 아니라 곧바로 자산으로 전환되는 디지털 금맥이다. 어떤 소비자는 카페 방문 빈도만으로 신용을 평가받고, 어떤 투자자는 거래 습관을 근거로 자동화된 포트폴리오를 제안받는다. 이처럼 데이터는 숫자가 바로 돈이 되고 신용이 되는 자본의 형태로 재탄생하고 있다.

그러나 데이터는 무기로 돌변할 수도 있다. 2018년, 페이스북과 영국의 데이터 분석 기업인 케임브리지 애널리티카가 연루된 개인정보 유출 사건은 그 위력을 전 세계에 각인시켰다. 수천만 명의 페이스북 이용자 정보가 동의 없이 수집되었고, 그 데이터는 미국 대선과 브렉시트 국민투표 같은 정치 캠페인에 활용되었다. 개인의 클릭과 '좋아요'는 정밀 분석을 거쳐 특정 후보나 이슈를 지지하도록 유도하는 심리적 무기로 바뀌었다.

우리는 이 사건을 통해 근본적인 문제 의식을 갖게 되었다. 누가 데이터를 소유하며, 그것을 어떻게 활용할 것인가. 특정 기업이 데이터를 독점하면 경제적 권력은 그쪽으로 쏠리게 마련이다. 데이터 주권을 개인에게 돌려줘야 한다는 요구가 세계적으로 커지는 이유도 이 때문이다.

그렇다고 데이터가 위험만 품은 것은 아니다. 동시에 데이터는 새로운 시장을 창출하는 단초가 된다. 스마트시티에서는 교통, 에너지, 환경 데이터를 분석해 효율성을 높이고, 헬스케어는 환자의 생활 데이터를 실시간으로 활용해 맞춤형 치료를 제공한다. 데이터가 생활과 산업 현장에 적용될 때, 전에 없던 서비스와 비즈니스가 탄생하며 시장의 판도는 완전히 달라진다.

결국 데이터는 웹 4.0의 핵심 자원이다. AI는 데이터를 분석해 지능을 발휘하고, 블록체인은 그 신뢰를 보증한다. 그리고 데이터가 어떤 방식으로 움직이느냐가 곧 사회와 경제의 구조를 규정한다.

웹 4.0의 정수, 초개인화

AI의 지능, 블록체인의 신뢰, 데이터의 힘이 만나는 지점이 바로 초개인화다. 사용자의 데이터와 AI의 분석이 결합하면 서비스는 개인의 맥락과 순간에 맞춰 재구성된다. 같은 정보를 접하더라도 어떤 이에게는 금융 조언이 되고, 또 어떤 이에게는 건강 관리 제안이 된다. 웹 4.0에서 모든 접점은 나만을 위한 것처럼 다가온다.

초개인화는 기존의 맞춤형 서비스와는 다르다. 현재의 상황뿐 아니라 미래의 가능성까지 반영하고, 변화하는 맥락에 따라 끊임없이 조정되기 때문이다. 중국 알리바바의 금융 플랫폼인 앤트파이낸셜은 초개인화가 실현된 대표 사례다. 이들은 결제 기록, 통신 패턴, 소셜 관계망 데이터를 결합해 '즈마신용(Sesame Credit)'이라는 개인화 신용 점수를 산출했다. 덕분에 이용자는 담보 없이 대출을 받을 수 있고, 점수에 따라 호텔 체크인이나 렌터카 절차도 간소화할 수 있다. 초개인화와 데이터 융합이 금융과 일상에 어떤 변화를 불러올 수 있는지를 보여주는 상징적 장면이다. 오늘날 글로벌 금융기관의 대부분은 경쟁력의 핵심을 초개인화에 두고 있으며, 이는 더이상 선택이 아닌 생존 전략이자 산업의 새로운 표준이 되었다.

이러한 흐름은 자연스럽게 융합이라는 더 큰 키워드로 이어진다. 초개인화를 가능하게 하는 것은 AI와 블록체인만이 아니다. 사물인터넷(IoT), 클라우드(cloud), 초고속 네트워크(5G와 앞으로의 6G)가 서로 연결되며 하나의 유기적 생태계를 형성한다. 기술은 단독으로 존재하지 않고 서로의 한계를 보완하며 새로운 가능성을 연다. 따라서 웹 4.0은 융합의 산물이자 다양한 기술이 상호작용을 하며 만들어내는 조화의 체계라고 할 수 있다.

초개인화와 융합이 열어주는 길은 눈부시다. 하지만 그 길 너머도 볼 필요가 있다. 맞춤형 경험이 깊어질수록 데이터 편향은 더 날카로운 차별로 이어질 수 있다. 혁신이 언제나 인간을 이롭게 하리란 보장은 없다. 새로운 질서를 설계하는 과정에서 반드시 윤리와 제도의 울타리가 함께 세워져야 한다. 그래야만 편리함이 불공정을 집어삼키지 않고, 혁신이 사람을 위한 힘으로 남을 수 있다.

따라서 웹 4.0의 정수는 초개인화와 융합 속에서 드러난다. 개인은 자신에게 맞춰진 경험을 누리되, 그 경험이 사회 전체의 질서와 연결되어 있음을 잊지 말아야 한다. 초개인화가 진정한 힘을 가지려면 기술들이 유기적으로 융합하고 그 과정에서 형성되는 새로운 관계와 규칙이 모두에게 공정해야 한다. 웹 4.0은 바로 그 균형을 향해 나아가는 여정이다.

새로운 패러다임,
AI와 블록체인

3

 수십억 건의 텍스트, 영상, 음성 데이터를 학습하면서, AI는 언어를 이해하고 이미지를 해석하며 나아가 완전히 새로운 창작물까지 만들어내고 있다. 과거 인간이 지식을 소비하는 존재였다면, 이제는 인간과 기계가 함께 지식을 생산하는 관계로 바뀌었다.
 그러나 AI가 제시하는 정보와 판단이 언제나 신뢰할 수 있는 것은 아니다. 추천의 근거가 불투명하거나 결과가 편향될 때, 인간은 기계의 답을 그대로 받아들여서는 안 된다. 웹 4.0의 핵심 과제는 '신뢰를 어떻게 설계할 것인가'이며, 블록체인은 이 질문에 도전한 기술이다.
 따라서 웹 4.0의 본질은 AI와 블록체인이 만들어내는 패러다임의 전환이다. 지능과 신뢰가 결합하며 사회는 전혀 다른 규칙 속으로 이동하고 있다. 이것은 업그레이드 수준이 아니라 전혀 다른 문법의 도래다. 지금 우리에게 필요한 것은 이 새로운 문법을 읽고 활용하는 능력이다. 이 능력을 갖춘 자만이 웹 4.0 시대의 능동적 주체가 될 수 있다.

지능의 확장

이미 AI는 계산 능력만으로 설명할 수 없는 단계에 이르렀다. 특수 하드웨어의 발달로 초당 수조 회의 연산(Trillions of Operations Per Second, TOPS)이 가능해지면서, AI는 복합적 판단과 창작까지 수행할 수 있는 토대를 갖추었다. 이러한 흐름은 AI가 소위 초지능(Super-intelligence)의 문턱에 성큼 다가섰음을 시사한다.

생성형 AI는 변화를 더욱 극적으로 보여준다. 문장 하나, 그림 한 장, 코드 한 줄까지도 AI가 먼저 제안하고 인간이 이를 다듬는다. AI가 인간의 창의성을 보완하면서 과거에는 상상조차 어려웠던 속도와 범위로 창작이 가능해졌다. 자연스럽게 우리는 진지하게 고민하게 된다. 과연 AI는 어디까지 인간 고유의 창의성에 다가설 수 있을까, 그리고 그 너머에 있는 초지능의 가능성은 우리를 어떤 미래로 이끌 것인가.

2016년, 바둑 경기에서 알파고(AlphaGo)가 이세돌 9단을 꺾은 사건은 이 질문을 단번에 현실로 끌어왔다. 인간만의 영역으로 여겨졌던 직관과 창의성마저 기계가 도전할 수 있음을 보여준 역사적 순간이었다. 이어 2022년에는 대화형 언어모델인 챗GPT와 이미지 생성형 AI인 미드저니(Midjourney)가 등장해 글쓰기와 그림, 프로그래밍까지 수행하면서 인간만이 누리던 창작의 벽은 허물어졌다.

그렇다면 우리도 생각을 바꿔야 한다. AI가 상사, 동료, 부하직원이 되는 시기가 머지않아 다가올지 모르기 때문이다. 더는 AI를 인간이 만든 효율의 도구로만 볼 수는 없다. 중요한 것은 우리가 AI와 어떻게 협업하느냐의 문제다. 실제로 AI는 이미 인간의 판단과 예측 과정에 깊숙이 관여하고 있다. 사람이 놓치는 패턴을 발견하거나 복잡한 문제에 새로운 해법을 제시하며 의사결정을 돕는다.

하지만 협업이 확대될수록 책임의 주체가 누구인가를 묻는 근본적인 질문이 뒤따른다. 대표적인 사례가 자율주행차다. 차량이 스스로 판단해 움직이는 과정에서 사고가 발생하면, 사용자, 제조사, 개발자 중 누구에게 책임이 있는가. 이것은 여전히 불분명하다. 기술은 거침없이 앞서가지만, 많은 부분에서 사회적 합의는 여전히 제자리걸음이다.

바로 이 지점에서 우리는 신뢰를 어떻게 새롭게 설계할지를 고민하게 된다. 책임과 투명성을 제도화할 새로운 장치가 필요하며, 그 해법의 한 축으로 블록체인(Blockchain)이 등장한다.

신뢰의 재구성

2016년, 분산형 자율조직(Decentralized Autonomous Organization, DAO)의 등장은 신뢰의 지형을 바꾸어 놓았다. DAO는 중앙 권력 없이, 스마트 계약과 분산 네트워크를 기반으로 구성원들의 투표에 의해 운영되는 조직이다. 이 실험을 통해 신뢰의 주체는 중앙 관리자에서 코드로 이동했고, 토큰을 가진 누구나 의사결정에 참여할 수 있었다. 이로써 '코드가 곧 법(Code is Law)'이라는 이상이 현실에서 시험대에 올랐다. 그러나 곧이어 발생한 해킹 사건은 코드만으로는 신뢰가 완결되지 않는다는 사실을 일깨웠다.

2021년 엘살바도르의 실험은 국가 차원에서 신뢰를 재구성하려는 시도였다. 달러에 의존하던 국가가 비트코인을 법정 화폐로 도입하는 순간, 신뢰의 기반이 국제 기축통화에서 블록체인 네트워크로 이동했다. 하지만 국제 금융시장의 불신과 국민 생활의 현실적 제약은 기술적 가능성과 제도적 수용성 사이의 간극을 여실히 드러냈다.

스테이블코인은 또다른 전환을 보여준다. 법정 화폐와 연동된 디지털 자산은 신뢰의 근거를 가격 안정성으로 이동시켰다. 그러나 2022년 테라-루나 사태는 알고리즘만으로는 그 안정성을 지킬 수 없음을 드러냈다. 이후 각국이 스테이블코인의 법제화를 추진하기 시작한 것도 같은 맥락이다. 이는 블록체인의 신뢰가 기술만으로 지켜지는 것이 아니라 제도와 규범이 함께 가야 한다는 점을 확인시킨 사건이었다.

DAO의 좌절, 엘살바도르의 실험, 일부 스테이블코인의 붕괴는 모두 같은 교훈을 남긴다. 블록체인은 기술이 아니라 신뢰의 방식을 다시 설계하는 패러다임이라는 사실이다. 기술이 보여준 가능성은 사회적 합의와 만날 때에만 지속될 수 있다.

지능과 신뢰의 결합

웹 4.0의 전환점은 바로 여기에 있다. 지능(AI)과 신뢰(블록체인)가 분리된 기술이 아니라 하나의 구조로 작동하기 시작했다는 점이다. AI가 아무리 정교한 분석을 수행하더라도 과정이 검증되지 않으면 사회적 신뢰를 얻기 어렵다. 이 지점에서 블록체인이 그 빈틈을 메운다. 판단의 과정을 위변조가 불가능한 기록으로 남김으로써, AI 지능이 만들어낸 결과를 신뢰할 수 있는 결과로 전환한다.

금융 분야의 사례를 살펴보면 더욱 뚜렷이 알 수 있다. AI가 투자자의 성향을 분석하고 전략을 수립하는 동안, 블록체인은 거래의 안정성과 투명성을 보장하는 기반이 된다. JP모건은 기관 간 결제와 담보 관리를 처리하는 블록체인 네트워크 오닉스(Onyx)에 AI 기반 리스크 관리 기능을 결합시켰다. 비자카드는 스테이블코인 결제 시스템에 AI 사기 탐지 기능을 접목하는 실험을 진행 중이다

계약의 영역에서도 변화는 두드러진다. 스마트 계약에 AI가 결합하면, 규칙의 해석과 실행의 주체가 인간에서 알고리즘으로 이동한

다. 여기서 블록체인이 결과를 불변의 기록으로 남기면서, 계약이 자동화되는 동시에 신뢰까지 내장된 구조를 만들어낸다.

이 흐름은 산업 전반으로 확산하고 있다. 자율주행차는 AI가 도로 위에서 순간적 판단을 내리고 블록체인이 그 판단의 정당성을 검증한다. 의료에서는 AI가 내린 진단이 블록체인에 기록되어 조작 가능성을 줄인다. 이처럼 지능이 만들어낸 판단이 곧 사회적 신뢰로 이어지는 구조가 형성되고 있다.

웹 4.0 패러다임이 시작되다

패러다임(paradigm)이란 단어는 그리스어 파라데이그마(paradeigma), 곧 모범이나 전형을 뜻하는 말에서 비롯되었다. 과학철학자 토머스 새뮤얼 쿤(Thomas Samuel Kuhn)은 과학이 일정한 규칙 속에서 점진적으로 발전하다가도 어느 순간 기존의 질서가 붕괴되고 전혀 다른 질서가 등장하는 변혁의 순간이 찾아온다고 설명했다. 이후 패러다임 전환(paradigm shift)이라는 개념은 과학사에만 머물지 않고, 사회가 작동하는 방식과 사고의 규칙이 송두리째 바뀌는 현상을 설명하는 단어가 되었다.

역사 속 중대한 전환은 언제나 규칙 자체를 바꿔왔다. 증기기관은 농업 사회의 규칙을 공업 사회의 규칙으로 바꿨고, 전기는 낮과 밤의 질서를 무너뜨렸다. 디지털 혁명은 반도체와 인터넷을 매개로 정보를 새로운 질서의 중심에 올려놓았다. 이처럼 기술이 불러온 각각의 전환은 세상을 지배하는 문법의 교체였다.

오늘날 우리가 마주한 웹 4.0도 같은 문턱에 서 있다. AI는 지능을 확장하고, 블록체인은 지능이 낳은 결과의 신뢰를 보장한다. 둘이 결합할 때 웹은 편의성을 넘어 사회가 작동하는 새로운 규칙을 만들어 낸다

그러나 위험도 명확하다. 2022년 세계 2위의 가상자산 거래소였던 FTX의 붕괴는 블록체인이 약속하는 기술적 신뢰가 제도적 장치의 뒷받침이 없으면 얼마나 쉽게 무너질 수 있는지를 여실히 드러냈다. 내부 통제 부재로 수백만 명의 이용자가 피해를 입었고, 이 사건은 '기술만으로는 신뢰가 완성되지 않는다'라는 경고를 강하게 남겼다. AI도 마찬가지다. 대규모 언어모델이 드러낸 편향 논란은 데이터 왜곡이 사회적 불평등을 증폭시킬 수 있음을 보여주었다.

그렇다고 미래가 어두운 것은 아니다. 오히려 새로운 가능성은 넘쳐난다. AI와 블록체인의 결합은 기후 협약 이행을 실시간으로 감시하고, 복지 자원을 투명하게 배분하며, 의료 진단의 신뢰성을 높일 수 있다. 지금까지 어렵다고 여겨졌던 협력과 투명성이 기술을 통해 제도로 구현되는 순간이 다가오고 있는 것이다.

관건은 기술을 두려워하지도, 맹목적으로 수용하지도 않는 일이다. 중요한 것은 가능성을 사회적 합의와 제도적 장치로 연결하는 균형이다. 제약만으로는 혁신을 가로막고, 무조건적 수용은 혼란을 초래한다. 균형 잡힌 대응이야말로 웹 4.0 시대를 여는 핵심 열쇠가 된다.

웹 4.0의 엔진과 토대

2장

웹이 진화의 방향을 제시했다면, 이제는 그 흐름을 실제로 움직이는 동력을 들여다볼 차례다. 웹 4.0은 추상적 구호로 이루어지지 않는다. 데이터를 해석하는 지능의 엔진, 기록 변조가 불가능한 신뢰의 인프라, 이를 안전하게 지탱하는 보안과 분산의 구조가 정교하게 맞물릴 때 비로소 현실이 된다. AI는 엔진, 블록체인은 토대, 데이터 보안과 분산화는 안전망이다. 이 장에서는 세 개의 축이 어떻게 연결되어 웹 4.0의 새로운 문법을 구성하는지를 기술의 언어로 해부하고자 한다.

AI의 역할과 가능성

1

　이제는 '인간+AI'라는 복합적 주체가 새로운 창작 질서를 만들고 있다. 과거에는 인간이 창작의 유일한 주체였지만, 사고와 상상력의 과정이 기계와 공유되면서 지식과 예술의 경계는 점차 공동의 무대로 바뀌고 있다.

　또한 AI는 생산을 최적화하고, 소비를 개인화하며, 시장의 구조를 재편하고 있다. 그 결과 산업 간 경계가 희미해지고, 전통적 역할의 구분도 다시 조율되고 있다. 산업사적 맥락에서 본다면 AI는 증기기관과 전기에 이어 웹 4.0 시대를 이끄는 세 번째 거대한 동력이다. 재난 관리, 기후 대응, 복지 자원의 공정한 배분 등에서도 AI는 인류가 다시 도전할 수 있는 새로운 도구로 자리 잡고 있다.

그러나 AI가 열어가는 무대는 인간의 협력 없이는 완성될 수 없다. 디자이너가 초안을 그리면 AI가 수십 가지 변형안을 제시하고 인간이 이중 하나를 선택해 완성하듯, 마지막 결정의 주체는 여전히 인간이다. 기술이 제시하는 가능성과 한계를 균형 있게 바라보고, 그 빛과 그림자를 함께 인식할 때에만 AI는 지속 가능한 미래를 향한 진정한 동반자가 될 수 있다.

진화와 전환점

1956년 여름, 다트머스 대학의 한 강의실에서 열린 작은 학술 모임은 훗날 인류 역사에서 특별한 의미를 지니게 되었다. 존 매카시(John McCarthy)를 비롯한 연구자들은 '기계를 지능적으로 만들 수 있다'라는 선언을 내놓았고, 이 자리에서 처음으로 인공지능이라는 용어가 탄생했다. 그러나 당시의 컴퓨터는 연산 속도가 초당 수천 번에 불과했고, 활용할 수 있는 데이터도 턱없이 부족했다. 인류는 지능의 기계화를 향한 서막을 열었지만, 현실의 진보는 더딘 걸음으로 이어졌다.

1970~80년대에는 전문가 시스템(Expert System, ES) 붐이 일었다. 스탠퍼드 대학은 이 ES를 활용해 의료 진단 프로그램인 마이신(MYCIN)을 개발했다. 이것은 450여 개의 규칙을 활용해 감염 질환을 진

구분	AI의 탄생	AI 겨울	딥 블루 승리	딥러닝 혁명	챗GPT 3.5
시기	1956년	1970, 80년대	1997년	2012년	2022년
주요 사건	다트머스 회의: '기계를 지능적으로 만들 수 있다' 선언 → AI 용어 등장	- 과도한 기대와 실망 - 전문가 시스템(ES)의 한계	- 딥 블루: 체스 챔피언 카스파로프에 승리 - 딥러닝 재발견 (2006년)	- 이미지넷 대회 제프리 힌턴: 딥러닝 모델인 알렉스넷 공개 - 알파고 등장 (2016년)	- 트랜스포머 논문 발표 (2017년) - 챗GPT 대중화 (2023년)

인공지능의 발전과 역사

단하고 항생제를 추천하는 초기 인공지능의 전형적 모습이었다. 실제 의사와 비슷한 수준의 정확도를 보였다는 점에서 큰 주목을 받았지만, 법적 책임 문제, 데이터 한계, 높은 유지 비용으로 인해 널리 상용화되지는 못했다. 이후 AI 시장은 'AI 겨울(AI Winter)'이라 불리는 긴 침체기에 들어간다.

그러던 1997년, IBM의 슈퍼컴퓨터 딥 블루(Deep Blue)가 체스 세계 챔피언인 가리 카스파로프(Garry K. Kasparov)를 꺾자 전 세계는 충격에 빠졌다. 하지만 딥 블루는 본질적으로 규칙과 연산의 괴물에 불과했다. 인간처럼 직관과 창의성을 발휘하기에는 한계가 분명했다.

진정한 전환은 2012년에 찾아왔다. 제프리 힌턴(Geoffrey E. Hinton) 교수가 이끄는 토론토 대학 연구팀은 딥러닝 기반 모델인 알렉스넷(AlexNet)을 선보이며 이미지넷 대회에서 우승을 차지했다. GPU(Graphics Processing Unit)의 병렬 연산 능력과 방대한 이미지 데이터세트가 결합하면서 알렉스넷의 이미지 인식 정확도는 기존 방식을 압도적으로 넘어섰다. 이 사건은 'AI 르네상스'라 불리며, AI를 다시금 산업과 사회의 중심 무대로 끌어올렸다.

이어 2017년, 구글이 발표한 트랜스포머(Transformer) 구조는 AI 패러다임을 완전히 뒤집었다. 셀프 어텐션(Self-Attention) 메커니즘은 문맥을 통합적으로 이해하게 했고, 이후 등장한 모든 대규모 언어 모델의 토대가 되었다. AI는 비로소 '언어의 지능'에 접근하기 시작했다.

이 흐름 위에서 2022년 출시된 챗GPT는 단 두 달 만에 1억 명의 사용자를 확보하며, 인류가 처음으로 'AI와 대화하며 협업한다'라는 경험을 대중적으로 공유하게 만들었다.

AI의 역사는 단순한 기술 목록의 나열이 아니다. 이것은 실패와 도전, 한계와 돌파가 반복된 여정이었다. 다트머스의 선언부터, 전문가 시스템의 한계, 딥 블루의 상징적 승리, 알렉스넷의 돌파, 트랜스포머의 혁신, 챗GPT의 폭발적 확산에 이르기까지. AI는 더이상 실험실의 호기심이 아니라 웹 4.0 시대를 여는 실질적 동력이 되고 있다.

AI의 발전 동력

그렇다면 무엇이 AI를 웹 4.0의 중심으로 끌어올렸을까. 이는 결코 우연이 아니다. 지난 10여 년간 축적된 기술의 변화가 서로 맞물리며 거대한 추진력을 형성했기 때문이다.

출발점은 '데이터'였다. 인터넷과 스마트폰, 센서와 사물인터넷이 쏟아내는 정보는 끝이 보이지 않는 강물처럼 흐르기 시작했다. 텍스트와 이미지, 위치와 행동 기록까지, 과거에는 상상할 수 없었던 규모의 데이터가 기계 학습의 재료로 흡수되었다.

물론 데이터만으로는 충분하지 않았다. 이 방대한 재료를 소화할 수 있는 '연산 인프라'가 필요했다. 본래는 게임 그래픽을 처리하기 위해 만들어진 GPU가 뜻밖의 해결책이 되었다. 병렬 연산에 최적화된 구조 덕분에 AI 모델은 초당 수조 단위의 연산을 처리할 수 있었고, 과거 수개월이 걸리던 학습은 며칠 만에 마무리될 수 있었다. 이후 TPU(Tensor Processing Unit)와 같은 맞춤형 칩까지 더해지면서, AI는 한층 더 크고 복잡한 모델을 빠르게 학습할 수 있는 환경을 갖추게 되었다.

구분	내용	설명
데이터	무한한 학습 재료	과거엔 부족했지만 지금은 인터넷, 센서, IoT가 방대한 데이터 스트림을 공급하며 AI 학습의 원천이 됨
연산	GPU, TPU 기반 병렬 연산	병렬 구조 덕분에 수조 회 연산 수준의 성능 발휘 대규모 모델의 학습 속도와 규모를 획기적으로 확장
모델	딥러닝, 트랜스포머	언어, 이미지, 음성 데이터를 통합적으로 다루며 맥락을 이해하는 구조를 통해 정교한 추론 가능
응용	산업, 사회 확산	챗봇, 의료 진단, 생성형 AI 등 실질 서비스로 확산 산업 혁신과 사회적 영향력 확대

AI의 발전 동력

이제 무대는 '모델'로 옮겨졌다. 2012년 알렉스넷은 기존의 이미지 인식 방식을 단숨에 압도하며 '딥러닝 르네상스'를 열었다. 이어 2017년 트랜스포머는 언어의 앞뒤 맥락을 동시에 이해하는 새로운 문법을 제시했다. 이 두 혁신은 언어, 이미지, 음성을 넘나드는 멀티모달 모델로 이어졌다. 오늘날의 챗GPT나 클로드(Claude) 같은 대규모 언어모델은 바로 이 기반 위에서 탄생한 결과물이다.

그리고 마지막 고리는 '응용'이다. 챗봇은 대화를, 추천 시스템은 소비를, 의료 AI는 진단 방식을 바꾸었다. 생성형 AI는 글쓰기, 그림, 음악에까지 확장되며 인간의 창작 과정 깊숙이 파고들었다. 이 지점에서 하나의 순환이 형성된다. 산업과 일상에서 발생한 응용은 또다른 데이터를 만들어내고, 그 데이터는 다시 모델을 성장시키며 더 고도화된 응용을 낳는다.

데이터, 연산, 모델, 응용, 이 네 가지 요소는 마치 톱니바퀴처럼 서로 맞물려 끊임없이 돌고 있다. 회전이 빨라질수록 AI는 더 정교해지고, 웹 4.0은 더 강력한 동력으로 가속화된다. 지금 우리가 체감하는 변화는 단발적 사건이 아니라, 이 순환 구조가 만들어낸 역사적 가속의 결과물이다.

산업 혁신의 촉매

AI는 더 이상 연구실 안에서만 작동되는 기술이 아니다. 이제 산업의 현장에서 변화를 이끌고, 실제 경제를 움직이는 동력이 되고 있다. 투자자의 성향과 시장 데이터를 동시에 분석해 최적의 포트폴리오를 제안하고, 위성과 센서 데이터를 결합해 수확량을 예측하며 기후 불확실성에 대응한다. 에너지 분야에서는 스마트 그리드가 수요와 공급을 실시간으로 조정하며 효율을 극대화한다. 법률 현장에서는 AI가 방대한 판례의 신속한 분류로 변호사의 전략 수립 방식을 바꾸고 일반인의 법률 서비스 접근성을 넓히고 있다.

이러한 장면은 인류가 기술을 통해 산업을 변화시켜온 역사와 닮았다. 증기기관이 노동의 방식을, 전기가 생산 구조와 생활 리듬을 바꿨듯, AI는 데이터와 알고리즘이라는 보이지 않는 자원을 통해 산업 질서를 새롭게 재편하고 있다.

특히 데이터 기반 예측 물류는 산업 혁신의 단면을 잘 보여준다. 아마존은 고객의 주문 패턴을 예측해 상품을 창고에 미리 배치하고, 필요 시점에 즉시 출고할 수 있는 체계를 갖췄다. 속도 개선도 달성했지만, 데이터 흐름 자체를 새로운 조립라인으로 전환한 혁신이다. 과거의 조립라인이 물리적 생산성을 끌어올렸다면, AI는 정보의 조립라인을 통해 산업 전반의 효율성을 향상시켰다.

노동 구조도 예외일 수 없다. 자동화가 일부 일자리를 대체하지만, 동시에 AI 윤리 전문가나 프롬프트 엔지니어 같은 새로운 직업군이 등장하고 있다. 구글과 마이크로소프트가 수백 명의 AI 안전 직무 및 윤리 전문가를 고용하는 현실은 AI가 새로운 직업 생태계에도 영향을 주고 있음을 보여준다.

맞춤화의 확산도 뚜렷하다. 넷플릭스는 시청 패턴을 분석해 다음 영화를 추천하고, 스타벅스는 소비 기록을 추적해 개인화 쿠폰을 발급한다. 이는 마케팅 차원을 떠나 소비자의 경험 자체를 재설계하는 문화적 변화로 볼 수 있다. 초개인화가 생활 속으로 깊이 들어올수록, 산업과 소비는 과거와 전혀 다른 궤도로 진입하게 된다.

사회적 가능성과 도전

산업 혁신만이 아니다. AI는 사회 전반의 난제 해결에도 깊게 관여한다. 기후 변화 대응에서는 위성과 센서 데이터를 결합해 탄소 배출 경로를 최적화하고, 인간이 다루기에 너무 복잡한 방정식을 대규모 시뮬레이션으로 풀어낸다. 재난 대응과 질병의 조기 진단 영역에서도 AI는 새로운 해법을 찾아내고 있다. 머지않아 AI는 인류적 과제를 함께 짊어지는 동반자로 부상할지도 모른다.

그러나 가능성이 큰 만큼 어두운 모습도 증가하고 있다. 대표적인 사례가 딥페이크와 정보 왜곡이다. 정교해진 생성형 AI는 정치인의 가짜 연설 영상이나 조작된 증거 자료를 순식간에 만들어 선거와 여론의 공정성을 위협할 수 있다.

실제 2024년 미국 대선에서는 AI로 제작된 허위 광고가 온라인에 급속히 퍼지며 큰 논란이 일었고, 유럽 각국은 선거 개입 방지를 위해 긴급 규제안을 논의해야 했다. 정보 신뢰가 사회 운영의 전제라면, AI

남용은 민주주의의 근간을 흔들 수도 있는 위험 요인이 될 수 있다.

격차의 문제도 피할 수 없다. 선진국과 대기업은 AI 인프라를 독점하며 경쟁력을 강화하지만, 개발도상국과 중소 집단은 뒤처질 수밖에 없다. 기술 발전이 속도의 문제에서 분배의 문제로 전환되는 순간, 사회는 더 큰 불균형에 직면하게 된다.

우리에게 필요한 것은 기술에 대한 두려움이나 맹신이 아니다. 핵심은 AI가 만들어내는 혁신을 사회적 합의와 윤리적 기준에 연결하는 일이다. AI가 공공선(公共善)으로 작동하려면 제도적 장치가 반드시 뒷받침되어야 한다. 투명한 출처 표시, 허위 정보 검증, 나아가 알고리즘 책임성 강화 같은 장치가 마련될 때, AI는 위험이 아닌 지속 가능한 미래를 여는 도구가 될 수 있다.

인간과 AI의 공진화

앞서 살펴보았듯이, 인간과 AI의 상호작용은 단순한 효율 향상에 그치지 않는다. AI가 인간이 미처 인지하지 못한 패턴과 가능성을 보여주면 인간은 그로부터 새로운 통찰과 영감을 얻는다. 일례로 교육 현장의 변화를 살펴보자. AI는 학생 개개인의 학습 속도를 분석해 맞춤형 교재를 제안하고, 교사는 토론과 비판적 사고 훈련에 집중한다. 기술이 기초 학습을 담당하면서 교사는 인간만이 할 수 있는 창의와 윤리의 영역에 더 집중할 수 있게 되었다.

그러나 협력이 확대될수록 책임의 문제는 더 복잡해진다. AI의 판단을 그대로 수용한다면, 오류가 발생했을 때 책임의 주체가 불분명해질 수 있다. 특히 의료나 금융처럼 생명과 자산이 직결된 영역에서는 최종 판단이 여전히 인간의 몫임을 분명히 해야 한다. AI가 내놓은 결과를 신뢰할 수 있으려면, 인간의 검증, 그리고 이를 지탱할 제도적 안전장치가 반드시 병행되어야 한다.

공(共)진화란 대체가 아니라 역할의 조정이다. AI와 인간은 서로의 한계를 보완하며, 협력 속에서 더 큰 성취를 만들 수 있다. 웹 4.0의 무대에서 인간과 AI는 따로 걷는 존재가 아니라 함께 진화하는 동반자다. 기술은 인간의 능력을 확장하고, 인간은 제도와 윤리로 그 확장을 통제해야 한다. 미래의 방향은 기술이 아니라 우리의 선택에 달려 있으며, 공진화는 이미 피할 수 없는 현실로 눈앞에 다가와 있다.

블록체인의 신뢰 인프라

2

 그동안 신뢰를 검증하고 보증하는 일은 정부나 은행, 대기업 같은 중앙기관의 전유물이었다. 거래를 확인하고 계약을 집행하는 힘은 이들 기관에 집중되었고, 개인과 기업은 그 틀 안에서 경제활동을 이어왔다. 그러나 인터넷이 확산하면서 중앙 집중식 신뢰 구조에 한계가 드러났다. 해킹, 데이터 조작, 개인정보 유출이 반복되면서 '기관이 보증하는 신뢰'가 더이상 절대적이지 않다는 사실이 분명해졌다.

 이때 등장한 인물이 사토시 나카모토(Satoshi Nakamoto)라는 익명의 인물이다. 2008년 말, 그는 비트코인 백서(white paper)를 발표하며 기존 금융 질서와는 전혀 다른 해법을 제시했다. 온라인에서 누구도

Bitcoin: A Peer-to-Peer Electronic Cash System

Satoshi Nakamoto
satoshin@gmx.com
www.bitcoin.org

Abstract. A purely peer-to-peer version of electronic cash would allow online payments to be sent directly from one party to another without going through a financial institution. Digital signatures provide part of the solution, but the main benefits are lost if a trusted third party is still required to prevent double-spending. We propose a solution to the double-spending problem using a peer-to-peer network. The network timestamps transactions by hashing them into an ongoing chain of hash-based proof-of-work, forming a record that cannot be changed without redoing the proof-of-work. The longest chain not only serves as proof of the sequence of events witnessed, but proof that it came from the largest pool of CPU power. As long as a majority of CPU power is controlled by nodes that are not cooperating to attack the network, they'll generate the longest chain and outpace attackers. The network itself requires minimal structure. Messages are broadcast on a best effort basis, and nodes can leave and rejoin the network at will, accepting the longest proof-of-work chain as proof of what happened while they were gone.

사토시 나카모토의 비트코인 논문

임의로 조작할 수 없는 장부, 그리고 참여자 모두가 함께 검증하는 네트워크라는 발상은 당시로서는 혁명에 가까웠다.

2009년 1월 3일, 사토시는 이 아이디어를 현실로 증명하기 위해 비트코인의 첫 번째 블록, 이른바 제네시스 블록(Genesis Block)을 채굴했다. 그리고 이 안에는 영국 일간지 더 타임스(The Times)의 기사 제목이 기록되어 있었다.

'Chancellor on brink of second bailout for banks'

(재무장관, 은행들의 두 번째 구제금융 임박)

BITCOIN GENESIS BLOCK

```
00000000   01 00 00 00 00 00 00 00   00 00 00 00 00 00 00 00   ................
00000010   00 00 00 00 00 00 00 00   00 00 00 00 00 00 00 00   ................
00000020   00 00 00 00 3B A3 ED FD   7A 7B 12 B2 7A C7 2C 3E   ....;£íýz{.²zÇ,>
00000030   67 76 8F 61 7F C8 1B C3   88 8A 51 32 3A 9F B8 AA   gv.a.È.Ã.ŠQ2:Ÿ.ª
00000040   4B 1E 5E 4A 29 AB 5F 49   FF FF 00 1D 1D AC 2B 7C   K.^J)«_Iÿÿ...¬+|
00000050   01 01 00 00 00 01 00 00   00 00 00 00 00 00 00 00   ................
00000060   00 00 00 00 00 00 00 00   00 00 00 00 00 00 00 00   ................
00000070   00 00 00 00 00 00 FF FF   FF FF 4D 04 FF FF 00 1D   ......ÿÿÿÿM.ÿÿ..
00000080   01 04 45 54 68 65 20 54   69 6D 65 73 20 30 33 2F   ..EThe Times 03/
00000090   4A 61 6E 2F 32 30 30 39   20 43 68 61 6E 63 65 6C   Jan/2009 Chancel
000000A0   6C 6F 72 20 6F 6E 20 62   72 69 6E 6B 20 6F 66 20   lor on brink of
000000B0   73 65 63 6F 6E 64 20 62   61 69 6C 6F 75 74 20 66   second bailout f
000000C0   6F 72 20 62 61 6E 6B 73   FF FF FF FF 01 00 F2 05   or banksÿÿÿÿ..ò.
000000D0   2A 01 00 00 00 43 41 04   67 8A FD B0 FE 55 48 27   *....CA.gŠý°þUH'
000000E0   19 67 F1 A6 71 30 B7 10   5C D6 A8 28 E0 39 09 A6   .gñ¦q0·.\Ö¨(à9.¦
000000F0   79 62 E0 EA 1F 61 DE B6   49 F6 BC 3F 4C EF 38 C4   ybàê.aÞ¶Iö¼?Lï8Ä
00000100   F3 55 04 E5 1E C1 12 DE   5C 38 4D F7 BA 0B 8D 57   óU.å.Á.Þ\8M÷º..W
00000110   8A 4C 70 2B 6B F1 1D 5F   AC 00 00 00 00            ŠLp+kñ._¬....
```

제네시스 블록

이 문장은 단순한 우연이 아니었다. 기존 금융 시스템의 불신 속에서 새로운 신뢰의 대안을 만들겠다는 상징적 선언이었다. 블록체인은 이렇게 글로벌 금융 위기의 한복판에서 태어났다.

신뢰의 검증

블록체인의 등장은 전통 질서의 구조적 균열에 대한 기술적 해답이라고 할 수 있다. 핵심은 '신뢰를 기관에서 코드와 합의로 옮긴다'라는 발상이다. 누구나 참여할 수 있는 분산 네트워크에서 거래 기록은 공동의 장부에 남고, 다수의 검증을 거쳐 확정된다. 그 결과 신뢰는 특정 기관의 권위에 의존하지 않고 네트워크 자체에서 발생한다.

이 변화는 '은행 등 금융 기관의 중개 없이도 송금할 수 있다'라는 차원을 넘어선다. 신뢰를 유지하기 위한 비용 구조가 근본적으로 달라졌기 때문이다. 과거에는 금융기관의 보안 시스템, 감사 제도, 그리고 담당 인력을 통해 신뢰를 보증했다면, 블록체인에서는 암호학적 검증과 합의 메커니즘이 동일한 역할을 수행한다. 사람과 조직이 담당하던 사회적 비용을 코드와 네트워크가 분담하는 구조로 바뀌는 순간이다.

이 지점이 블록체인 기술의 진정한 의미다. 블록체인은 단지 가상화폐에 국한된 기술이 아니라 신뢰를 재구성하는 새로운 방식이다. 웹 3.0은 이 가능성을 먼저 보여주었다. 개인이 직접 자산과 데이터를 보유하고, 중앙기관 없이도 디지털경제에 참여할 수 있게 되었다. 그러나 여기서 멈추지 않았다. 블록체인은 점차 금융, 행정, 산업의 인프라로 확장되기 시작했고, 이 흐름은 웹 4.0의 토대를 만드는 과정으로 이어졌다.

블록체인의 출발점은 결국 신뢰의 위기를 극복하려는 사회적 요구였다. 그리고 진정한 인프라로 성장할 수 있었던 이유는, 기존 제도가 제공하지 못했던 무결성과 투명성을 기술적 구조로 구현했기 때문이다.

분산 장부의 원리와 구조

앞에서 블록체인의 탄생이 '왜'라는 질문에 답했다면, 이제는 '어떻게'에 답할 차례다. 블록체인은 어떤 방식으로 신뢰를 지탱하는가.

출발점은 바로 분산 장부(distributed ledger)라는 구조다. 블록체인의 모든 거래 기록은 일정한 단위인 블록(block)에 담겨 체인처럼 차례로 연결되며, 네트워크를 구성하는 다수의 장치인 노드(node)에 공유, 복제된다. 한 번 기록된 정보가 임의로 수정되기 어려운 이유도 여기에 있다. 참여자인 다수의 노드가 동일한 장부를 보관하고, 검증까지 직접 수행하기 때문이다.

따라서 분산 장부 구조의 강점은 투명성과 무결성이다. 누구나 동일한 장부를 열람할 수 있기 때문에 특정 주체가 몰래 기록을 조작하거나 위조, 변조할 가능성은 극히 낮다. 실제로 2014년 일본의 암호화폐 거래소 마운트곡스(Mt.Gox)가 파산했을 때 사용자들은 블록체인 탐색기를 통해 자산의 이동 경로를 직접 추적할 수 있었다.

투명성과 무결성을 작동시키는 핵심 장치는 합의 알고리즘(consensus algorithm)이다. 합의 알고리즘이란 중앙기관을 거치지 않고도 네트워크 참여자들이 동일한 거래 기록을 신뢰하도록 만드는 기술적 메커니즘이다. 대표적 방식으로는 작업증명(Proof of Work, PoW)과 지분증명(Proof of Stake, PoS)이 있다.

작업증명은 비트코인 채굴에 사용되는데, 네트워크 참여자들이 막대한 연산을 수행해 동일한 결과값을 찾아냄으로써 거래의 진위를 확인한다. 반면 지분증명은 토큰을 보유한 참여자가 검증 권한을 맡아 에너지 효율을 높이는 방식이다. 이처럼 블록체인의 신뢰는 네트워크 다수가 합의한 결과에 따라 보장된다.

그러나 이 구조는 속도와 비용이라는 대가를 요구한다. 비트코인은 초당 처리할 수 있는 거래가 몇 건에 불과해, 글로벌 결제망으로 확장하기에는 한계가 뚜렷했다. 이 한계를 극복하기 위한 시도가 이어졌고, 그 결과 등장한 개념이 바로 레이어2(Layer 2) 확장 기술이다. 이것은 거래를 블록체인 밖에서 묶어 처리한 뒤, 그 결과만 메인 체인에 기록함으로써 속도를 끌어올리는 방식이다. 또다른 접근법인 샤딩(Sharding)은 체인을 여러 조각으로 분할해 병렬 처리함으로써 전체 처리량을 획기적으로 높였다. 블록체인은 이처럼 자신의 한계와 제약을 기술 혁신의 동력으로 바꾸며 진화하고 있다.

응용과 확장

블록체인이 실험적 화폐 시스템을 넘어설 수 있었던 이유는 신뢰를 위한 인프라이기 때문이다. 초기에는 송금과 가치 저장 수단에 불과했지만, 기술이 성숙하면서 금융, 행정, 산업 등 현실 전반으로 응용의 범위가 확산했다.

블록체인의 응용은 크게 네 가지로 설명할 수 있다. 첫째, 신뢰 확보다. P2P 네트워크, 암호화 기술, 합의 알고리즘은 장부의 위변조를 원천적으로 차단한다. 둘째, 계약 이행이다. 스마트 계약은 조건이 충족되면 자동으로 실행되어 계약 이행에 필요한 중간 과정을 줄여준다. 셋째, 감시와 검증이다. 블록체인은 모든 거래 기록을 온체인에 저장하고 누구나 열람할 수 있게 함으로써, 중앙기관이 아닌 공개 검증으로 신뢰를 보장한다. 넷째, 정보 탐색이다. 분산 신원 증명(DID)이나 분산 애플리케이션(dApp)은 데이터를 특정 기업의 서버가 아닌 네트워크 전체에 분산시켜 저장하고 이를 사용자가 활용하도록 한다.

블록체인의 기술 진화와 가치 확장은 동시에 진행되었다. 속도와 확장성 문제를 해결하려는 레이어2와 샤딩, 서로 다른 체인이 소통할 수 있는 상호운용성, 데이터 주권을 지키는 프라이버시 및 보안 강화, 그리고 산업 현장으로의 실사용 확대가 대표적이다. 이처럼 블록체인은 거래 장부의 혁신에 머무르지 않고, 응용과 확장성을 바탕으로 사회 전반의 신뢰 인프라로 자리 잡아가고 있다.

사례는 이미 풍부하다. 에스토니아는 주민등록과 의료 기록을 블록체인으로 관리하며 국가 행정의 투명성을 높였다. 월마트는 IBM과 함께 식품 공급망에 블록체인을 도입해 단 몇 초 만에 오염 원산지를 추적할 수 있었다. 반대로 2016년에 일어난 DAO 해킹 사건은 보안과 거버넌스의 허점을 드러내며, 스마트 계약 감리와 코드 검증이 산업 표준으로 자리 잡는 계기가 되었다. 성공과 실패가 뒤섞인 실험의 역사 속에서 블록체인은 점점 더 성숙한 인프라로 나아갔다.

블록체인의 응용과 확장은 웹 3.0의 실험적 가능성을 웹 4.0의 제

응용 분야	기술 진화	가치 확장
신뢰 확보 계약 이행 감시 검증 정보 탐색	▶ 프로토콜(Protocol) P2P 네트워크, 암호화 및 해시함수 합의 알고리즘, 공개 분산원장 온체인 기록, 노드 검증 추적 로그 ▶ 확장(Scalability) 속도와 비용 개선(레이어2, 샤딩) 체인간 상호운용성, 토큰화 기술 ▶ 응용(Application) 스마트 계약, 분산 신원 증명(DID) 블록체인 거버넌스, 분산 앱(dApp)	속도와 확장성 상호운용성 확대 프라이버시/보안 강화 실사용/산업융합
→ 기술 진화와 가치 확장이 동시 진행		

블록체인의 기술 진화와 가치 확장

도적, 산업적 현실로 끌어올리는 사다리가 되고 있다. 실험적 화폐와 토큰에서 출발했지만, 지금은 공공, 산업, 기업 등 현실 세계와 끊임없이 상호작용하는 생태계로 진화하고 있다.

현실과 블록체인을 잇는 오라클

'오라클(Oracle)'이라는 이름은 원래 고대 그리스에서 신의 뜻을 전하는 '신탁(神託)'을 의미했다. 사람들은 델포이 신전에 찾아가 미래를 물었고, 사제는 신의 계시를 받아 답을 전했다. 블록체인에서 오라클이 맡은 역할도 이와 같다. 블록체인은 스스로 외부 세계를 볼 수 없기에 현실의 정보를 대신 전해줄 현대판 신탁이 필요하다.

블록체인은 내부 데이터의 무결성과 투명성은 보장하지만, 네트워크 밖에서 벌어지는 사건은 인식하지 못한다. 날씨, 환율, 주가, 물류 상태처럼 현실에서 끊임없이 변하는 데이터는 블록체인 외부에 존재한다. 그러나 이런 정보 없이는 자동으로 실행되는 스마트 계약이 제 기능을 다할 수 없다. 계약 조건을 판단하려면 외부 세계에서 일어나는 사실이 필요하기 때문이다.

이때 등장하는 존재가 오라클이다. 오라클은 외부 시스템이나 API, 센서, 기관 등에서 데이터를 불러와 블록체인으로 전달하는 역할을 한다. 예를 들어 '비행기가 3시간 이상 지연되면 보험금을 자동 지급한다'라는 계약이 있을 때, 오라클이 실제 항공 데이터를 불러와 블록체인에 전달하면 스마트 계약은 즉시 조건을 인식하고 실행에 들어간다.

하지만 여기에는 중요한 문제가 존재한다. 만약 오라클이 잘못된 정보를 전달하거나, 누군가의 조작으로 왜곡된 데이터를 보내면 어떻게 될까. 블록체인 내부가 아무리 안전해도 외부 입력이 거짓이라면 전체 계약의 신뢰가 무너진다. 이 역설을 '오라클 문제(Oracle Problem)'라고 부른다.

이 문제를 해결하기 위해 등장한 것이 탈중앙화 오라클 네트워크(Decentralized Oracle Network, DON)다. 여러 개의 오라클 노드가 동시에 동일한 데이터를 수집하고, 이를 서로 비교해 합의된 결과만을 블록체인에 전달한다. 하나의 기관에 의존하지 않고 다수의 검증과 집단적 사실의 합의로 신뢰를 확보하는 방식이다.

대표적인 사례가 체인링크(Chainlink)다. 체인링크는 여러 데이터 공급자로부터 정보를 받아 평균값이나 합의값을 계산해 스마트 계약에 전달한다. 이 구조는 가격 데이터를 전달하는 기능을 통해, 분산된 신뢰의 원리를 블록체인 밖의 세계로 확장시킨다. 이는 실제로 공급망 관리, 보험, 행정 자동화 등 다양한 영역에서 활용되고 있다.

최근 주목할 흐름은 블록체인과 AI의 결합이다. 오라클에 AI를 접목한 '지능형 오라클(Intelligent Oracle)'이 등장하면서, 외부 데이터를 단순히 전달하던 역할은 새로운 단계로 확장되고 있다. AI가 데이터 전달과 동시에 신뢰도 평가나 이상치 탐지를 스스로 수행해 비정상 데이터를 걸러내고, 블록체인은 이렇게 검증된 결과만 기록함으로써 정확성과 신뢰성을 크게 높인다.

현실의 사건이 AI를 통해 의미로 변환되고, 그 의미가 블록체인에 의해 신뢰로 전환되는 구조, 이것이 바로 웹4.0 시대의 신뢰 인프라다. 고대의 신탁이 신의 메시지를 인간에게 전했듯, 오늘날의 오라클은 현실의 데이터를 디지털 세계로 전하며 신뢰의 자동화를 완성해가고 있다.

기회와 위험, 그리고 균형

오라클을 통해 블록체인이 현실과 완전히 연결되는 모습을 보았다. 그러나 연결이 깊어질수록 신뢰의 무게감도 커진다. 기술이 제도와 시장 속으로 들어가는 순간, 새로운 기회와 함께 예기치 않은 위험도 따라온다.

블록체인의 확산도 기회와 위험을 동시에 드러내는 과정이었다. 투명성과 무결성을 보장하는 대신 속도와 효율성에서는 한계를 드러냈다. 그러나 이 한계가 오히려 진화를 자극하며 기술 혁신을 촉발했다. 앞서 설명한 레이어2와 샤딩, 그리고 수많은 거래를 하나의 거래로 압축한 뒤 메인 체인에 기록하는 롤업(rollup) 등이 그 결과다.

특히 차세대 블록체인들은 속도와 효율의 경쟁이 한층 더 치열하다. 솔라나(Solana)와 아발란체(Avalanche) 같은 네트워크는 초당 수만 건의 거래(Transaction per Second, TPS)를 처리하며 상용 서비스의 요구 기준에 근접했다. 블록체인은 느리다는 과거의 평가는 더이상 유효하지 않다.

웹 3.0과 웹 4.0을 가르는 경계는 기술 자체보다 제도와 산업의 흡수 여부에 있다. 웹 3.0은 비트코인과 이더리움의 가능성을 보여준 실험 무대에 가까웠다. 반면 웹 4.0의 문턱에서는 이미 각국 정부가 디지털 화폐와 디지털 자산 규제 체계를 설계하고, 글로벌 기업은 공급망과 지급결제, 공공 및 행정 시스템에 블록체인을 도입하기 시작했다. 기술은 점차 국가 전략과 산업 운영의 원리 속으로 편입되는 모양새다.

기회 요인은 분명하다. 속도와 효율성을 높인 새로운 합의 메커니즘, 데이터 주권을 강화하는 분산 신원 증명, 글로벌 네트워크와 맞닿은 스테이블코인까지. 산업적 응용은 이미 소매 유통, 의료, 물류, 공공 행정 전반으로 확산 중이다. 여기에 ESG(환경, 사회, 지배구조) 흐름에 발맞춘 친환경 합의 메커니즘의 부상은 '지속 가능한 블록체인'이라는 새로운 시장을 열고 있다.

그러나 위험 요인도 여전히 공존한다. 불법 자금 세탁과 테러 자금 조달, 급격한 투기 과열, 취약한 내부 통제로 인한 거래소 붕괴 같은 사건은 시장의 신뢰를 순식간에 무너뜨릴 수 있다. 기술적 취약점이 해킹으로 이어지고, 제도적 공백이 혼란을 증폭시킬 수 있다는 점은 과거 DAO 사건이나 FTX 붕괴가 여실히 보여주었다.

결국 핵심은 균형이다. 블록체인의 미래는 속도와 안전, 혁신과 규제, 효율과 지속 가능성 사이의 균형점을 어떻게 설정하느냐에 달려 있다. 이 균형이 확보될 때, 블록체인은 실험적 기술을 넘어 웹 4.0 시대를 떠받치는 제도적 신뢰 인프라로 완성될 수 있다.

데이터 보안과 분산화

3

블록체인이 구축한 탈중앙 신뢰 구조는 분명 혁신적이다. 그러나 신뢰를 설계하는 것만으로는 충분하지 않다. 신뢰가 안전하게 지켜지는가, 그리고 그 권리가 누구에게 귀속되느냐는 질문이 곧바로 따라오기 때문이다. 데이터가 집중된 채 보호받지 못한다면, 블록체인의 무결성조차 쉽게 무력해질 수 있다. 따라서 웹 4.0의 토대 위에서는 데이터 보안과 분산화가 또 하나의 핵심 기둥으로 자리 잡는다. 기술이 신뢰를 가능하게 한다면, 보안과 분산화는 이것을 제도적 현실로 뿌리내리게 하는 장치이다.

보안의 새로운 지형

2025년 4월, SK텔레콤은 약 2,700만 명의 가입자 정보 유출을 발표했다. USIM 인증키(휴대전화 가입자 인증용 비밀키), IMSI(국제 이동통신 가입자 식별번호), IMEI(단말기 고유 번호) 같은 핵심 식별 정보까지 유출된 대형 사고였다. 이는 국민의 일상과 직결된 디지털 안전이 무너진 사건이었다. 같은 시기, 미국 미시간주의 맥라렌 헬스케어(McLaren Health Care)가 랜섬웨어 공격을 받아 74만 명의 환자 정보가 노출되었고 진료 예약 시스템이 마비되었다. 유럽의 한 글로벌 리조트 체인도 해킹으로 예약 시스템이 중단되며 막대한 손실을 보았다. 국내에서도 KT, 롯데카드, 일부 제2금융권 등에서 유사한 사고가 잇따랐다. 국가와 산업을 가리지 않고 데이터 보안 체계 자체가 구조적으로 취약하다는 사실이 드러난 셈이다.

공격 방식은 점점 더 교묘해지고 있다. 과거에는 방화벽 같은 네트워크 경계 장치를 직접 노렸지만, 이제는 협력업체 계정이나 재택근무자의 노트북, 이메일 첨부파일 같은 작은 틈새가 주요 진입로가 된다. 조직 내부망조차 더이상 안전지대가 아니다. 따라서 보안은 개별 기업의 과제를 넘어 공급망 전체가 함께 짊어져야 할 공통의 책임이 되었다.

이 과정에서 기존 보안 체계의 한계도 뚜렷해졌다. 대표적인 것이 업무망과 외부망을 분리하는 망 분리 정책이다. 국내 금융권과 공공기관은 2014년 도입 이후 이를 최후의 방어선으로 여겨왔다. 하지만 공급망 공격이나 우회 침투 앞에서는 역부족이었다.

　클라우드와 원격 근무가 일상화된 지금, 실시간 검증과 분산 보안을 기반으로 한 새로운 보안 표준이 요구된다. 그 중심에 있는 것이 바로 제로 트러스트(Zero-Trust) 원칙이다. '아무도, 아무것도, 무조건 신뢰하지 않는다'라는 신념과 철학 아래, 사용자의 신원과 기기의 무결성, 접속 환경과 데이터의 민감도를 다층적으로 검증한다. 보안의 초점은 더이상 높은 벽을 쌓는 데 있지 않다. 끊임없이 확인하고 갱신하는 운영 체계로의 전환이 이루어지고 있다. 이 변화는 기업의 기술 전략을 넘어 제도와 규범의 영역으로 빠르게 확장되고 있다.

　AI와 클라우드는 이 변화의 시험대다. AI의 발전도 방대한 연산 능력과 데이터를 처리할 수 있는 클라우드 덕분에 가능했다. 반대로 이 점 때문에 클라우드는 사이버 공격의 주요 표적이 되기도 한다. 대규모 학습 데이터가 유출되면 개인정보는 물론 기업의 핵심 정보까지 위협받는다. 따라서 데이터 보안은 사회의 안전을 위해 끊임없이 갱신해야 하는 신뢰 계약이다. 이것이 웹 4.0 시대의 보안이 기술의 문제가 아닌 제도적 과제로 떠오른 이유다.

분산화의 가치

　데이터 보안을 떠올리면 흔히 거대한 금고나 중앙 서버를 상상한다. 모든 기록을 한 곳에 모아 관리하면 효율적이지만, 일단 문이 열리면 내부의 모든 것이 한꺼번에 위험에 처한다. 실제로 수백만 명의 개인정보가 단숨에 유출된 사건 대부분은 이 중앙 집중 구조에서 비롯되었다. 이런 구조에서는 보안 실패가 곧 사회 전체의 혼란으로 이어진다.

분산 네트워크는 이러한 구조적 취약에 대한 하나의 해답이다. 데이터가 수많은 컴퓨터(노드)에 나누어 저장되고 동시에 검증되기 때문에 일부가 손상되어도 전체는 유지된다. 마치 퍼즐 조각이 여러 상자에 나뉘어 들어 있어, 일부가 사라져도 전체 그림을 복원할 수 있는 것과 같다. 이처럼 구조적 설계 단계에서부터 회복력이 확보되고 누구나 검증할 수 있기에 투명성 또한 자연스럽게 따라온다.

이와 함께 주목할 부분은 데이터 주권의 회복이다. 과거부터 정보는 포털, 금융기관, 병원 등 중앙기관이 독점해 왔고, 개인은 단지 열람만 허용받았다.

하지만 분산화는 개인이 자신의 데이터를 직접 보관하고, 필요할 때만 선택적으로 열 수 있도록 한다. 정보 소유권과 활용 권한이 비로소 이용자에게 돌아온 셈이다.

이러한 철학은 이미 기술로 구현되고 있다. IPFS(Inter Planetary File System, 분산 파일 저장 프로토콜)는 파일을 여러 노드에 분산 저장하고, 디지털 지문이라 불리는 해시(hash)값으로 서로를 연결한다. 이렇게 하면 중앙 서버에 대한 의존도가 낮아져 일부 노드가 사라져도 전체 데이터는 쉽게 복원된다. 일부 기업은 이 원리를 응용해 다수의 소규모 노드를 묶는 분산 클라우드 실험을 진행 중인데, 이는 안정성과 비용 절감 효과를 동시에 보여준다.

분산화가 추구하는 핵심 가치는 회복력, 투명성 그리고 주권이다. 이는 단일 서버가 무너지면 모든 것이 멈추는 구조에서 벗어나, 네트워크 전체가 함께 지켜내는 구조로의 이동을 의미한다. 이러한 전환을 통해 데이터 사회는 권리를 보다 공정하게 나누는 새로운 질서를 모색할 수 있다. 결국 웹 4.0 시대의 분산화는 보안을 두껍게 하는 동시에 사회적 신뢰를 다시 설계하는 핵심 원리이다.

보안과 분산화의 결합

보안과 분산화는 각자만으로도 의미가 있지만, 두 축이 함께 작동할 때 비로소 새로운 차원의 안정성이 구현된다. 보안이 울타리를 세우면, 분산화는 이 울타리를 여러 겹으로 나누어 어느 한 지점이 무너져도 전체가 흔들리지 않도록 만든다. 흡사 단단한 자물쇠에 더해 열쇠를 서로 다른 장소로 나누어 보관하는 방식과도 같다.

먼저 금융 분야를 보자. 분산 원장은 거래가 정상적으로 이루어졌는지를 누구나 검증할 수 있게 하고, 암호화 기술은 개인의 민감한 세부 정보가 외부에 노출되지 않도록 보호한다. 덕분에 거래는 투명성과 프라이버시를 동시에 확보할 수 있다. 최근에는 사용자가 자신의 데이터를 제공하면 리워드나 포인트를 받는 서비스가 등장했는데, 이는 데이터를 단순히 보호해야 할 대상이 아니라 개인이 소유하고 활용할 수 있는 경제적 자산으로 재인식하게 만든다.

의료 분야로 가보자. 과거에는 병원이 환자 데이터를 독점했지만, 이제는 환자가 연구나 진료 목적으로 자신의 데이터를 제공할 경우, 해당 정보는 블록체인 위에서 암호화된 상태로 검증된다. 환자는 단순한 피실험자가 아니라 연구에 이바지한 주체로 인정받으며 그 기여에 대한 정당한 보상도 받을 수 있다.

분야	적용 사례	기대 효과
금융	분산 원장 + 암호화 거래	투명성 확보, 개인정보 보호
의료	환자 데이터의 블록체인 기록	안전한 공유, 환자 데이터 주권 강화
행정	전자정부 기록 관리	위조 방지, 투명성 제고

보안과 분산화의 결합 응용 사례

행정 서비스 역시 같은 원리가 적용된다. 블록체인 기반 전자정부에서는 누가 언제 어떤 기록을 남겼는지가 고스란히 남아 위조가 사실상 불가능하다. 개인정보는 여러 서버에 분산 저장되기 때문에 대규모 해킹에도 훨씬 강하다. 덕분에 주민등록등본 발급이나 세금 신고 같은 일상적 행정 절차가 더 투명하고 신뢰할 수 있는 방식으로 운영된다.

이처럼 보안과 분산화가 결합하면, 데이터는 안전하게 보호되면서도 필요한 순간에는 공정하게 활용될 수 있다. 금융, 의료, 행정처럼 서로 다른 영역이라도 모두가 '안전과 공유의 동시 실현'이라는 동일한 원리 아래에서 작동하게 된다.

데이터 사회의 미래 풍경

AI와 블록체인이 웹 4.0의 엔진과 토대라면, 데이터 보안과 분산화는 이것을 지속 가능하게 만드는 생활의 장치다. 집 안의 전기가 보이지 않아도 모든 기기를 움직이듯, 보안과 분산화 역시 드러나지 않는 곳에서 사회의 작동을 지탱한다. 이 장치가 없으면 아무리 정교한 기술이라도 신뢰라는 기반 위에서 작동할 수 없다.

앞으로 개인은 단순히 개인정보를 넘겨주는 소비자가 아니다. 스마트시티에서는 교통 데이터와 전력 사용량이 실시간으로 수집되지만, 데이터 소유권은 소비자 자신에게 있다. 내가 동의하면 그 데이터는 교통 체증을 줄이는 데 활용되고, 대가로 교통비 할인이나 포인트 혜택이 돌아온다. 건강검진 기록을 연구에 제공할 때도 마찬가지다. 치료법 개발에 이바지하면서도 그 과정에서 보상과 권리를 인정받는다.

기업에게는 새로운 의무가 주어진다. 고객이 자신의 데이터를 기꺼이 제공하려면, 안전을 보장하는 동시에 실질적 가치를 돌려줘야 한다. 넷플릭스가 시청 데이터를 기반으로 더 나은 추천을 제공하듯, 금융, 헬스케어, 교육 분야의 기업도 데이터 교환을 상호 신뢰에 기반한 계약으로 설계해야 한다. 데이터를 잘못 다루면 간단한 사고로 끝나지 않고 기업 전체의 신뢰가 붕괴한다는 사실이 이미 여러 사례로 증명되었다.

국제 사회 또한 이 흐름을 제도화하고 있다. 국제표준화기구(ISO)와 국제전기전자표준위원회(IEC)는 클라우드 보안, 암호화 기술, 분산 저장 체계에 대한 가이드라인을 지속적으로 발표하고 있다. 각국 정부와 기업이 이 표준을 따르지 않으면 글로벌 시장에서 경쟁력을 잃을 수밖에 없다. 보안과 암호화는 필요에 따라 기업이 선택할 수 있는 옵션이 아니라 국제적으로 합의된 최소한의 언어가 되고 있다.

미래의 데이터 사회는 단순히 기술 발전이 만들어낸 변화의 공간이 아니다. 그곳에서 개인은 권리를 가진 주체로, 기업은 신뢰를 설계하는 책임자로, 국가는 글로벌 협력의 파트너로 변모한다. 데이터는 더이상 보이지 않는 배경이 아니라, 경제적 가치와 사회적 신뢰를 동시에 창출하는 핵심 자원이 된다. 이것이 웹 4.0이 그려내는 데이터 사회의 미래 풍경이다.

웹 4.0 시대의 징후와 신호들

3장

웹 4.0은 단순한 기술 혁신이 아니라 사회 구조 전반에 변화를 촉발할 사건이다. 개인의 일상은 초개인화 서비스로 재편되고, 산업은 디지털 전환에 직면한다. 도시는 스마트시티로, 행정은 디지털 거버넌스로 진화하며 운영 방식 자체가 다시 설계된다. 이 변화는 기회와 위험을 동시에 품고 있으며, 그럴수록 사회적 합의와 제도적 대응이 중요해진다. 따라서 이 장에서는 웹 4.0이 사회 전반에 미치는 징후, 파급 효과 그리고 그 의미를 심층적으로 살펴보고자 한다.

사용자 경험

1

 웹의 역사는 곧 사용자 경험이 진화해온 궤적이다. 웹 1.0은 텍스트와 이미지를 일방적으로 읽는 피상적인 정보 창구에 불과했다. 그러나 웹 2.0이 등장하자 사람들은 댓글을 달고, 사진을 공유하며, 콘텐츠 생산 과정에 직접 참여하기 시작했다. 이 과정에서 사용자는 수동적 존재에서 협력적 생산자로 격상되었다. 이어 웹 3.0은 데이터를 의미 단위로 연결하고 개인화 기술을 정교하게 발전시킴으로써 또다른 차원의 경험을 전개시켰다.

 이제 도래하는 웹 4.0은 앞선 단계 위에 덧쌓는 층이 아니라 전혀 다른 질서를 새롭게 짜 올리는 전환에 가깝다. 맞춤형 서비스 제공을 넘어 사용자의 맥락과 순간적 상황까지 감지하며 경험을 정교하게 설계한다. 경험은 화면 속 인터페이스나 기능에 갇히지 않고, 삶의 패턴을 재편성하고 일상의 선택을 바꾸는 힘으로 확장된다.

기업의 경쟁력 또한 총체적 경험의 질에 의해 좌우된다. 기능이나 가격만으로 승부를 보던 시대는 끝났다. 사용자가 체감하는 편리함과 몰입감, 그리고 이 과정에서 형성되는 신뢰가 곧 브랜드 가치로 환산된다.

보이지 않는 기술, 스며드는 경험

웹 4.0 시대의 경험은 점점 더 하나의 생태계로 수렴하고 있다. 정보 검색, 결제, 소셜 네트워킹 같은 개별 행위는 단절되지 않고 연결된 흐름 속에서 통합된다. 사용자가 굳이 선택하지 않아도 연속해서 제공되는 서비스의 흐름을 자연스럽게 누리게 된다. 기술은 보이지 않는 뒷단에서 조용히 작동하고, 매끄럽게 이어지는 경험만이 전면에 남는다. 경험은 그렇게 더 깊숙이, 더 은밀하게 생활 속으로 스며든다.

웹 4.0이 불러온 변화는 개인 영역 뿐만 아니라 사회 전반으로 파급된다. 소비자 경험의 전환은 교육, 의료, 행정 같은 공공 영역에서도 새로운 표준으로 자리 잡기 시작했다.

예를 들어 의료 현장을 떠올려보자. 환자가 병원에 들어서는 순간

AI 에이전트가 DID로 본인 인증을 완료하고, 블록체인에 기록된 건강 데이터가 즉시 호출된다. 진단 결과에 따라 맞춤형 보험이 자동으로 제안되고, 결제는 디지털 화폐로 처리된다. 환자는 복잡한 절차를 의식하지 못한 채, 모든 과정을 하나의 유기적 경험으로 받아들이게 된다. 이러한 경험의 구조가 바로 웹 4.0 시대가 가져올 새로운 일상의 보편적 환경이다.

내가 말하기 전에 준비된 세계

초개인화라는 말은 '나에게 맞춘 서비스'를 좀더 정교하게 다듬는 수준, 그 이상이다. 과거의 개인화가 나이, 성별, 구매 이력처럼 고정된 정보에 머물렀다면, 초개인화는 지금 이 순간의 맥락을 읽어낸다. 내가 어디에 있는지, 어떤 기분인지, 심지어 주변 환경과 시간의 흐름까지 반영해 경험을 실시간으로 조율한다.

변화의 기반에는 AI, 빅데이터, 사물인터넷이 촘촘히 결합한 기술 구조가 자리한다. 집 안의 센서들은 우리의 움직임과 생활 패턴을 감지하고, 네트워크는 그 정보를 실시간으로 전송한다. AI는 축적되는 데이터를 학습하며 분석하고, 곧바로 적절한 반응을 내놓는다. 이때 시스템이 내놓는 결과는 하나의 고정된 답이 아니라 상황에 따라 끊임없이 변하는 흐름처럼 다가온다.

무엇보다 중요한 것은 '즉시성'이다. 내가 행동을 취하는 순간, 시스템은 곧바로 새로운 선택지를 제시한다. 예를 들어 결제 버튼을 누름과 동시에 지출 분석과 절약 전략이 화면에 표시된다면 어떨까. 이러한 경험은 데이터가 실시간으로 반영되지 않는 한 결코 구현될 수 없다.

이제 서비스와 제품은 단순히 요청에 대한 응답이 아니다. 생활의 리듬에 맞춰 스스로 움직인다. 자동차는 일정과 운전 습관을 고려해 최적의 경로를 제시하고, 운전자가 좋아하는 음악을 자동으로 재생한다. 스마트홈 기기는 가족의 생활 패턴을 학습해 조명을 미리 켜고 온도를 자동으로 맞춘다. 경험은 요청과 응답이라는 직선 구조에서 벗어나, 삶과 함께 호흡하는 순환 구조로 진화하고 있다.

초개인화의 지향점은 단순하다. 내가 기술을 '사용한다'는 사실조차 잊을 만큼 자연스러운 경험을 만드는 일이다. 직접 선택하지 않았는데도 원하던 것, 아니 그 이상을 얻게 될 때 우리는 비로소 만족한다.

우리는 이미 그런 세상에 살고 있다. 네이버의 클로바 스피커나 아마존 알렉사가 오늘 날씨와 교통 상황을 종합해 적절한 시간에 알람을 울리고, 아침 분위기에 어울리는 음악을 골라 자동으로 재생한다. 이때 우리는 스피커가 특정 기능을 실행한다는 사실보다 생활 전체가 저절로 조율된다는 느낌을 훨씬 강하게 받게 된다.

삶 곳곳에 스며드는 초개인화

웹 4.0의 총체적 경험은 이제 산업과 생활 속 구체적 풍경으로 드러나고 있다. 금융 영역에서 초개인화는 더욱 생생하다. 은행 앱이 조회나 거래 내역만을 보여주던 시대는 끝났다. 생성형 AI 기반의 자산관리 도구는 개인의 소비 패턴과 투자 성향을 분석해 곧바로 포트폴리오를 제안한다. 카드 결제를 마치자마자 '이번 달 지출이 늘었습니다'라는 알림과 함께 절약 전략이 자동으로 제시되는 장면이 더는 낯설지 않다.

헬스케어에서도 변화가 빠르다. 웨어러블 기기가 기록하는 심박수, 수면 패턴, 활동 데이터는 기록되는 순간 AI 분석을 통해 개인 맞춤형 건강 관리 플랜으로 이어진다. 최근에는 유전체 정보와 임상 기록을 결합해 환자별 약물 반응을 고려한 맞춤 치료법을 제시하는 사례도 늘고 있다. 사업모델 자체가 사후 치료에서 예방과 최적화로 이동하는 양상이다.

교육 현장도 달라지고 있다. 학생의 학습 속도와 집중 패턴, 카메라에 포착되는 표정과 시선 움직임까지 분석하는 플랫폼이 등장하며, 학생 각자에게 다른 학습 경로가 설계된다. 교사는 모든 학생을 동일한 진도로 이끄는 대신, AI가 제시하는 데이터를 기반으로 맞춤형 피드백을 제공한다. 학습 경험을 세분화할수록 학생은 더 높은 몰입과 성취감을 체감하게 된다.

유통과 엔터테인먼트 산업은 초개인화를 가장 적극적으로 활용하는 분야다. 온라인 쇼핑몰은 고객의 상황과 감정까지 고려한 맞춤형 추천을 제시하고, OTT(Over The Top) 플랫폼은 사용자 취향뿐 아니라 '오늘의 기분'에 맞는 콘텐츠를 큐레이션 한다. 스포티파이(Spotify)는 AI 디제이(DJ) 기능을 통해 사용자가 필요할 때 음악을 먼저 제안하기도 한다.

 이제 초개인화는 산업의 경계를 넘어 삶 곳곳으로 확산하고 있다. 교통, 주거, 여가에 이르기까지 데이터 기반의 맞춤형 서비스가 스며들면서, 사람들은 효율과 편리함을 얻는 동시에 기술이 삶의 무대를 새롭게 짜고 있음을 체감한다. 초개인화가 미래의 생활 양식을 규정할 새로운 기준인 셈이다.

초개인화, 기회와 그늘

 그러나 초개인화가 깊어질수록 편리함 뒤에 숨은 새로운 과제도 함께 드러난다. 필요한 정보와 서비스가 먼저 다가오면 사용자는 시간을 절약하고 효율을 높일 수 있다. 하지만 개인의 선택이 기술적 예측에 과도하게 종속될 경우, 우리는 '추천된 것만' 소비하고 '보여주는 것만' 경험하게 된다. 편리함이라는 이름 아래 경험의 폭과 다양성은 줄어들며, 새로운 형태의 통제가 작동할 가능성이 생겨난다.

 데이터 편향과 프라이버시 침해는 더 주목해야 할 위험이다. 특정 집단의 데이터가 충분히 반영되지 않으면 왜곡된 추천과 차별적 결과가 만들어질 수 있다.

우리가 흔히 빠지는 오류가 바로 '생존자 편향(survivorship bias)'이다. 제2차 세계대전 당시 연구자들은 귀환한 전투기의 총탄 자국을 분석해 보강할 부위를 찾고자 했다. 그러나 통계학자 에이브러햄 월드(Abraham Wald)는 '총탄이 남지 않은 곳을 보강해야 한다'라고 지적했다. 살아 돌아온 비행기에는 흔적이 없지만, 실제로는 그 부위를 맞은 전투기는 치명적이라 귀환하지 못했기 때문이다. 데이터도 마찬가지다. 눈에 보이는 패턴만 근거로 삼으면 보이지 않는 위험이나 소외된 집단을 쉽게 간과하게 된다.

따라서 초개인화의 부작용을 줄이려면 제도적 장치와 윤리적 기준이 필수적이다. 생존자 편향이 주는 교훈처럼, 표면적으로 드러나는 성공과 편리함만 보고 안심해서는 안 된다. 기술의 진정한 가치는 데이터 뒤에 숨어 있는 위험과 보이지 않는 피해까지 고려할 때 비로소 드러난다. 개인정보 보호, 데이터 활용의 투명성, 알고리즘의 공정성이 보장되지 않으면, 초개인화는 자산이 아니라 위험이 될 수 있다.

이러한 문제의식 속에서 2024년 유럽연합은 AI Act(Artificial Intelligence Act, 인공지능 기본법)를 통과시켰다. 인공지능 기술을 위험 수준에 따라 분류하고, 특히 초개인화 서비스를 포함한 고위험 시스템에는 투명성과 설명 책임을 의무화했다. 혁신을 억제하지 않으면서도 사회적 가치를 보호하려는 첫 시도였다.

2025년 1월 공포된 국내의 AI 기본법 역시 고위험 AI와 생성형 서비스에 대해 사전 고지, 결과물 표시, 영향 평가 의무를 부과함으로써 이용자 권리를 보호하고자 했다. 그러나 과도한 규제가 혁신의 속도를 늦추고, 특히 스타트업에는 과도한 부담이 될 수 있다는 우려도 제기된다. 초개인화의 가능성을 현실로 만들기 위해서는 기술 발전을 저해하지 않으면서 사회적 안전망을 강화하는 정교한 균형이 필요하다.

초개인화는 분명 웹 4.0의 핵심 기회이지만, 동시에 그늘을 동반하는 도전이다. 기술은 삶을 풍요롭게 만들 수 있지만, 안정을 잃는 순간 새로운 불평등과 통제가 뒤따를 수 있다. 가능성을 현실로 만들기 위해서는 기술적 진보를 사회적 합의와 결합하는 책임 있는 선택이 요구된다. 미래는 혁신과 안전, 자유와 규범이 조화를 이루는 균형 위에서만 안정적으로 구축될 수 있다.

디지털경제와
산업 생태계 변화

2

웹 4.0 시대의 경제는 전통적인 생산과 교환 방식으로는 설명할 수 없다. 데이터, 알고리즘, 그리고 플랫폼이 새로운 자본으로 기능하기 때문이다. 생산 요소의 중심이 토지, 노동, 자본에서 데이터와 네트워크로 옮겨가는 흐름은 경제 체계 자체의 재편을 의미한다.

데이터는 이 새로운 경제의 가장 강력한 연료다. 소비자의 행동 패턴, 기업의 운영 정보, 사회적 활동 기록까지 모두가 경제적 자원으로 수집되고 분석된다. 한번 축적된 데이터는 AI의 손을 거치며 새로운 가치로 변환되고, 서비스 개선과 상품 개발로 이어진다. 20세기에 석유가 산업의 엔진을 돌렸다면, 21세기에는 데이터가 디지털경제의 심장을 뛰게 한다.

 데이터가 모이는 곳에서는 새로운 시장이 열린다. 플랫폼은 데이터를 집결시키고 유통하는 거대한 장이 되어 생산자와 소비자를 실시간으로 연결한다. 네트워크 효과가 커질수록 더 많은 사용자가 몰리고, 이는 다시 더 많은 데이터를 생산한다. 데이터와 이용자가 서로를 증폭시키는 선순환 구조, 이것이 바로 디지털경제의 핵심 동력이다.

경제의 무게 추가 이동하다

 이 과정에서 전통 경제와 디지털경제의 차이는 더욱 선명해지고 있다. 과거에는 공장과 설비 같은 물적 자산이 경쟁력을 결정했지만, 이제는 데이터의 흐름과 네트워크의 확장성이 승패를 가른다. 디지털 자산, 디지털 화폐, 디지털 결제 시스템의 확산은 이러한 경제 패러다임의 전환을 상징적으로 보여준다.

 웹 4.0의 기술 기반은 이 흐름을 더 가속한다. AI와 블록체인의 결합은 데이터의 가치를 증폭시키고, 분산형 구조는 완전히 새로운 거래 방식을 만들어낸다. 데이터는 특정 기업의 독점 자산이 아니라 네트워크 전체의 공공 자산으로 재해석되며, 거래는 중앙 집중이 아니라 분산된 신뢰로 뒷받침된다.

 2020년대 들어 이러한 변화는 산업 현장에서 구체적인 현실로 나타나고 있다. 우리는 엔비디아의 하드웨어 칩 하나가 새로운 경제 생태계로 전환되는 모습을 보며 그 중요성을 실감한 바 있다. 마이크로소프트는 코파일럿(Copilot)을 통해 오피스 소프트웨어를 단순한 작업 도구에서 데이터 기반 의사결정 플랫폼으로 탈바꿈시키며, 업무 자체를 디지털경제의 생산 과정으로 편입시켰다. 아마존과 알리바바 같은 기존의 플랫폼 기업뿐 아니라 구글 클라우드나 마이크로소프트 애저처럼 데이터 생태계 전체를 제공하는 기업도 빠르게 성장하고 있다. 디지털경제는 더이상 미래의 예고가 아니라 우리가 이미 진입한 현재의 경제 질서가 되고 있다.

산업의 얼굴이 바뀐다

산업의 얼굴이 바뀌고 있다. 금융, 제조, 유통이 따로 굴러가던 시대는 저물고, 데이터와 플랫폼이 산업을 하나의 생태계로 엮기 시작했다. 금융은 IT와 결합해 디지털 금융으로 진화했고, 제조업은 센서와 AI 분석을 통해 지능형 공장으로 재탄생했다. 유통 역시 온라인과 오프라인을 잇는 하이브리드 구조로 변모하고 있다. 웹 4.0은 산업을 더이상 전통적 경계에 묶어두지 않는다.

이러한 변화의 상징적 사례가 바로 스트라이프(Stripe)다. 스트라이프는 단 '일곱 줄의 코드'로 기존 9단계에 이르던 복잡한 온라인 결제 과정을 3단계로 줄이며 등장했다. 그 순간부터 수많은 스타트업이 복잡한 금융 시스템 없이도 손쉽게 전자상거래를 시작할 수 있게 되었고, 글로벌 창업 생태계는 폭발적으로 성장했다. 현재 스트라이프는 디지털 화폐, 국경 간 결제, 구독 결제 시스템까지 포괄하며, 웹 4.0 시대의 산업 재편을 상징하는 대표 플랫폼으로 자리 잡았다.

국내 시장에서도 변화는 뚜렷하다. 토스와 카카오뱅크는 은행의 외형을 지우고, 결제, 투자, 보험은 물론 쇼핑, 공공서비스, 콘텐츠까지 담아내는 '슈퍼앱' 전략을 구축했다. 금융 기능을 재구성했을 뿐 아니라 앞으로는 지역 기반 서비스와 글로벌 결제 기능까지 강화하며 생활 전반을 아우르는 플랫폼으로 진화할 가능성이 크다.

제조업 역시 로봇과 AI의 도입으로 생산 방식을 근본적으로 다시 쓰고 있다. 자동차에서 전자, 바이오에 이르기까지 글로벌 제조 기업들은 지능형 공장을 실험하며 효율과 유연성을 동시에 추구한다. 작업기계가 소음을 내며 어지럽게 움직이던 공장이, 이제는 데이터가 흐르고 알고리즘이 판단하는 조용한 지능의 공간으로 바뀌고 있다.

유통 산업의 변화는 더욱 빠르다. 일찍감치 알리바바의 허마(Hema) 매장은 온라인 주문과 오프라인 매장을 실시간으로 연결해, 소비자가 클릭한 상품이 30분 안에 집 앞에 도착하는 신유통(New Retail) 모델을 현실로 만들었다. 국내에서는 쿠팡과 네이버, 그리고 여러 스타트업이 무인 매장과 AI 추천 시스템을 결합해, 소비자 맞춤형 쿠폰과 상품 제안을 실시간으로 제공하고 있다. 소비의 중심은 이제 상품 자체가 아니라 나를 이해하고 나만의 경험을 소비하는 시대로 이동했다.

산업 재편의 종착지를 보여주는 또다른 사례는 틱톡(TikTok)이다. 틱톡은 쇼트폼 영상 플랫폼으로 출발했지만, 광고, 커머스, 음악으로 사업 영역을 확장하며 글로벌 시장 질서를 흔들고 있다. 플랫폼은 더 이상 시장의 진입로가 아니라 시장 그 자체가 되었다. 2023년 선보인 '틱톡 샵(TikTok Shop)'은 사용자가 영상을 보다가 제품을 클릭하는 순간 구매와 결제가 즉시 이루어지고, 브랜드는 곧바로 판매 데이터를 확보하는 구조를 구현했다. 콘텐츠와 커머스가 맞물리면서 플랫폼은 미디어이자 마켓플레이스, 동시에 하나의 산업 생태계로 진화했다. 웹 4.0의 세계에서는 한 기업의 서비스가 하나의 산업을 대체하는 풍경이 더 이상 낯설지 않다.

가치는 어디에서 만들어지는가

산업의 얼굴이 달라지면, 그 안에서 가치를 만드는 방식도 달라질 수밖에 없다. 과거 기업은 공장에서 상품을 생산하고 유통망을 통해 판매하는 데 집중했다. 하지만 웹 4.0 시대의 가치는 제품 그 자체보다 데이터와 경험에서 비롯된다. 고객 경험이 하나의 상품이 되고, 데이터는 사용 후에도 새로운 가치를 끊임없이 생산한다. 또한 기업 전략의 중심은 물질적 자산에서 정보와 참여로 빠르게 이동한다.

이 과정에서 투명성과 신뢰가 새로운 자산으로 부상한다. 블록체인은 생산지에서 소비자까지의 모든 과정을 기록하며 공급망 자체를 가치 창출의 무대로 바꾼다. 루이뷔통, 불가리 등을 보유한 LVMH 그룹은 블록체인 플랫폼인 아우라(Aura)를 통해 명품의 생산 이력과 정품 여부, 심지어 중고 거래 기록까지 추적하고 검증한다. 위조를 차단하고 소비자의 신뢰를 확보하는 방식 자체가 가치가 되는 경우다.

또다른 흐름은 참여가 곧 가치인 구조다. 중앙 플랫폼에 의존하던 창작자들은 Web3 기반 분산형 플랫폼에서 직접 보상을 받기 시작했다. 음악 스트리밍 서비스 오디우스(Audius)는 창작자가 올린 음원을 토큰 보상과 연결하고, 청취자 역시 기여도에 따라 보상받는다. 이처럼 참여자가 곧 주체가 되는 구조에서 가치는 기업을 넘어 네트워크 전체로 확산한다.

물론 모든 시도가 성공으로 이어지는 것은 아니다. 국내의 보라네트워크는 블록체인 기반 게임 생태계를 구축해 개발사, 게이머, 투자자를 연결하려 했지만, 온보딩된 게임 수가 제한적이었고 일부 프로젝트는 중단되었다. 여기에 규제 불확실성까지 겹치며 성과는 기대에 미치지 못했다. 이 사례는 웹 4.0의 가치 사슬이 단순한 기술 구상만으로는 작동하지 않음을 잘 보여준다.

반면 글로벌 무대에서는 가능성을 입증하는 시도가 이어지고 있다. 미국의 헬륨(Helium) 네트워크는 개인이 설치한 IoT 기기로 무선 네트워크를 구성하고, 기여자에게는 토큰으로 보상한다. 통신 인프라를 기업이 독점하는 대신 참여자가 네트워크를 직접 구축한다는 점에서, 가치는 기업이 아니라 생태계 전체에서 창출된다. 이는 웹 4.0의 가치 사슬이 현실 속에서 어떻게 구현될 수 있는지를 보여주는 상징적인 사례다.

웹 4.0 시대의 가치 사슬은 제품 중심에서 데이터 및 참여 중심으로, 기업 단위에서 네트워크 단위로 이동한다. 그러나 가치는 기술만으로 완성되지 않는다. 투명성을 보장하는 제도, 참여를 유도하는 인센티브, 그리고 이 모든 것을 엮는 플랫폼이 함께 작동할 때 비로소 새로운 가치 사슬은 현실이 된다.

웹 4.0, 균형 위의 생태계

앞서 살펴본 가치 사슬이 안정적으로 작동하려면, 이를 뒷받침할 제도와 사회적 합의가 반드시 필요하다. 초기 디지털경제는 기술이 앞서 달리고 규제와 제도가 뒤따르는 구도였다. 그러나 그 과정에서 불평등, 독점, 투명성 부족이 방치되면 어떤 혁신도 오래가지 못한다는 교훈이 쌓였다.

웹 4.0 환경에서 이 문제는 더욱 뚜렷하게 드러난다. 거대 플랫폼은 데이터를 집중적으로 확보하며 막강한 영향력을 행사하고, 네트워크 효과는 이들의 지위를 한층 더 공고히 만든다. 그 결과 중소기업과 스타트업은 시장 진입 자체가 어려워지고, 생태계는 다양성 대신 집중과 종속의 구조로 기울기 쉽다. 실제로 2025년 기준, 유럽연합은 이러한 독점 구조에 대응하기 위해 구글과 메타를 상대로 디지털 광고 시장에서의 지배력 남용 문제를 본격적으로 조사하고 있다.

따라서 규제는 제약이 아니라 생태계를 지키는 안전장치가 된다. 알고리즘 검증, 데이터 활용의 한계 설정, 시장 독점 방지 같은 장치가 그 핵심이다. 물론 규제가 지나치면 혁신은 위축될 수 있다. 그러나 아무런 규제가 없다면 혼란과 불신은 생태계 전체로 번진다. 균형 잡힌 정책 설계가 필요한 이유가 여기에 있다.

　이 흐름은 ESG 가치와도 맞닿아 있다. 환경 부담을 줄이고, 사회적 책임을 이행하며, 투명한 지배구조를 갖춘 기업만이 글로벌 시장에서 신뢰를 얻는다. 애플과 마이크로소프트가 공급망 전체의 탄소 배출 감축 목표를 강화하고 재생에너지 전환을 선언한 것도 단순한 이미지 전략이 아닌 생존 전략이다. 투자자와 소비자가 기업을 평가하는 기준도 바뀌고 있기 때문이다.

　미래를 내다보면 과제는 분명하다. 데이터 주권, 개인정보 보호, 사이버 보안 같은 문제는 이미 국경을 넘어 발생하고 있다. 그럼에도 각국은 여전히 자국의 이해관계에 따라 서로 다른 규제를 내놓고 있다. 유럽연합의 디지털시장법(DMA), 디지털서비스법(DSA), 그리고 미국의 반독점 소송이 대표적 사례다. 모두 같은 문제의식에서 출발했지만, 조율되지 않으면 글로벌 디지털경제는 분절될 수밖에 없다. 기술은 연결되지만 제도는 분리되는 역설이 생겨나는 지점이다. 국제적 규범과 표준화 없이 지속 가능한 디지털 생태계를 기대하기는 어렵다.

　따라서 웹 4.0 디지털경제가 안정된 미래를 맞이하려면 기술 혁신과 사회적 합의가 함께 가야 한다. 불평등과 독점을 완화하고, 공정성과 투명성이 확보되어야만 생태계는 건강하게 성장한다. 규제와 혁신, 책임과 자유가 균형을 이루는 구조야말로 지속 가능한 웹 4.0 생태계의 필요조건이다.

공공·사회·도시 시스템의 전환

3

사용자 경험이 변화하고 산업 생태계가 재편되면, 모든 흐름은 도시라는 집합 공간에서 만난다. 개인이 데이터를 생산하고, 기업이 그 데이터를 활용해 산업을 혁신하면, 도시는 이 모든 변화의 결과가 가장 선명하게 드러나는 무대가 된다. 교통, 에너지, 행정, 환경은 데이터의 흐름 속에서 정교하게 연결되고, 웹 4.0은 이 네트워크를 지능적으로 조직한다. 스마트시티는 이 흐름을 하나의 도시 단위로 구현한 개념으로, 물리적 인프라에 머무르지 않고 데이터와 네트워크 위에 설계된 생활 중심의 도시 모델이다.

이 전환은 피상적인 디지털화나 자동화가 아니다. AI는 시민의 이동 패턴을 분석해 교통 혼잡을 완화하고, 블록체인은 행정 기록을 위조 불가능한 형태로 저장하며, 클라우드는 도시 전반의 운영 데이터를 통합 관리한다. 이때 기술은 드러나지 않는 곳에서 혈관처럼 작동하며, 도시의 맥박을 일정하게 유지하는 역할을 한다.

그러나 무엇보다 중요한 변화는 도시의 중심축이 인프라에서 사람으로 이동한다는 점이다. 과거 도시가 도로 확장, 건물 배치 같은 물리적 효율성에 초점을 맞췄다면, 이제는 시민 삶의 질이 도시 설계의 최우선 기준이 된다. 대중교통 대기 시간을 줄이고, 에너지 낭비를 최소화하며, 공공 서비스의 접근성을 높이는 것, 이것이 스마트시티의 출발점이다. 기술은 수단일 뿐, 목적은 시민 경험과 만족에 있다.

교통과 에너지 분야는 이 변화를 가장 잘 보여준다. AI 기반 신호 체계는 실시간으로 교통량을 분석해 정체를 줄이고, IoT 센서는 가정과 사무실의 에너지 사용 패턴을 감지해 소비를 최적화한다. 재생에너지와 스마트 그리드가 결합하면 탄소 배출을 줄이면서도 안정적인 전력 공급이 가능해진다. 도시가 지능화될수록 시민은 더 편리하고 친환경적인 생활을 누리게 된다.

스마트시티와 웹 4.0은 별개의 개념이 아니다. 도시 전체가 하나의 플랫폼처럼 작동하고, 공공 서비스와 개인의 일상이 유기적으로 연결되는 것, 이것이 웹 4.0 시대의 도시가 지향하는 모습이다. 스마트시티는 웹 4.0이 약속한 미래가 도시라는 집합적 생활 공간에서 어떻게 구현되는지를 보여주는 대표적 사례가 되고 있다.

도시의 두뇌와 신경망

도시 자체가 웹 4.0의 집합 무대라면, 이 무대가 실제로 어떻게 작동하는지를 살펴볼 필요가 있다. 스마트시티는 디지털 장비만 즐비하게 설치된 공간이 아니다. 데이터가 끊임없이 흐르고 분석되면서 시민의 삶을 조율하는 거대한 시스템이다.

도시는 눈에 보이는 건물과 도로만으로 유지되지 않는다. 스마트시티 곳곳에 심어진 IoT 센서는 도시의 신경처럼 작동한다. 교통량, 대기질, 전력 사용량 같은 정보가 실시간으로 수집되고, 5G와 위성망을 통해 도시의 두뇌로 전송된다. 이 데이터는 클라우드 허브로 모여 AI의 분석을 거치고, 도시는 점차 반응하고 판단하는 유기체로 바뀌어 간다.

AI는 교통 체증을 예측해 신호를 조정하고, 범죄 발생 가능성이 높은 지역을 미리 짚어내며, 행정 서비스의 병목 현상을 줄인다. 과거 행정이 경험과 직관에 의존했다면, 웹 4.0의 도시는 데이터라는 뇌파에 따라 움직이는 존재가 된다. 이때 기술은 전면에 드러나지 않는다. 오히려 기술이 보이지 않을수록 도시는 더 매끄럽게 작동한다.

여기에 블록체인이 결합하면서 도시 운영의 신뢰성은 새로운 단계로 진입한다. 건축 허가, 토지 소유권, 공공 예산 집행 내역을 블록체인에 기록하면 위변조가 사실상 불가능해지고, 시민은 언제든 과정을 확인할 수 있다. 두바이는 이미 '종이 없는 전략(Paperless Strategy)'을 선언하고 행정 기록을 모두 디지털 장부로 전환했다. 효율성을

두바이의 Paperless Strategy (출처: partnersportal.smartdubai.ae)

제공하는 AI와 신뢰를 보증하는 블록체인이 결합할 때, 도시는 완전히 다른 차원으로 도약하게 된다.

그러나 도시의 신경망이 촘촘해질수록 위험도 비례한다. 센서 하나가 해킹되면 교통이 마비될 수 있고, 전력망이 흔들리면 도시 전체가 정지될 수도 있다. 2021년 미국 플로리다주 올즈마(Oldsmar, Florida)의 정수 시설에서는 사이버 공격으로 수질이 오염될 뻔한 사건이 있었다. 이 사례는 '스마트 인프라'가 동시에 '취약 인프라'가 될 수 있음을 경고한다.

따라서 스마트시티의 근본은 기술이 아니라 거버넌스다. 도로와 건물이라는 물리적 인프라, 데이터와 네트워크인 디지털 인프라, 두 인프라가 조화를 이뤄야만 도시의 지속 가능성은 확보된다. 스마트시티는 도시를 더 편리하게 만드는 실험이면서 동시에 신뢰 가능한 도시를 어떻게 설계할 것인가라는 질문에 대한 응답이기도 하다.

스마트시티, 시민이 주인공이다

앞서 살펴본 도시의 신경망이 기술적 기반이라면, 다음으로 생각해 볼 문제는 그 위에서 시민이 어떻게 참여하고 권한을 행사하느냐이다. 왜냐하면 스마트시티는 기술이 집약된 공간 개념 이상의 새로운 거버넌스를 시험하는 무대이기 때문이다.

과거의 행정은 관료의 보고서와 종이 문서에 의존하며 느리게 움직였다. 그러나 오늘날에는 민원 처리, 세금 신고, 각종 증명 발급이 클릭 몇 번으로 해결되며, 행정의 효율성은 눈에 띄게 높아졌다. 행정의 언어가 보고서에서 데이터 알고리즘으로 옮겨가며, 시민은 더 적은 비용으로 더 빠른 서비스를 누리고, 정부는 투명성과 신뢰성을 강화할 수 있게 되었다.

전자 투표가 디지털 거버넌스의 대표적 사례다. 블록체인 기반의 투표 시스템은 결과 조작을 사실상 불가능하게 만들고, 모바일 기기를 통해 언제 어디서든 참여할 수 있다. 선거가 특정 장소나 하루 일정에 묶이지 않고 일상 속으로 스며드는 장면은 민주주의가 웹 4.0을 매개로 확장되는 신호가 된다.

시민 참여 방식도 근본적으로 바뀌고 있다. 교통 앱이나 에너지 관리 시스템에서 개인이 제공한 데이터는 집단적 의사결정의 근거로 활용된다. 시민은 더이상 수동적 수혜자가 아니라 도시 정책의 공동 설계자로 나선다. 데이터는 공공 정책을 민주적으로 확장하는 매개체이자, 시민이 권력을 행사하는 또다른 통로다.

분산 신원 증명(Decentralized Identity, DID)의 도입은 이러한 변화를 본격화할 것이다. 주민등록증이나 여권이 하나의 중앙기관에 의존하는 구조였다면, 블록체인 기반 DID는 개인이 자신의 신원을 스스로 통제할 수 있도록 설계된다. 이 기술은 '내 정보는 내가 관리한다'라는 권한을 시민에게 부여하며, 신뢰와 편의성을 동시에 강화한다.

이미 여러 도시가 실험 중이다. 바르셀로나는 뉴욕, 암스테르담과 함께 '도시 디지털 권리 연합 선언'을 주도하며, 시민이 직접 도시 데이터를 관리할 수 있는 시민 참여 플랫폼을 운영하고 있다. 에스토니아는 전자주민증(e-Residency) 제도를 통해 전 세계 누구나 온라인으로 회사를 설립하고 세금을 낼 수 있도록 했다. 국내에서도 세종시 스마트시티 시범단지에서는 블록체인 기반 DID 기술을 활용해 모바일 출입증, 스마트 주차, 데이터 기반 서비스 등을 시범 적용하고 있으며, 이러한 통합형 플랫폼 구축이 단계적으로 추진되고 있다.

이처럼 다양한 사례는 디지털 거버넌스가 미래의 구호가 아니라 이미 현실에서 뚜렷이 작동하는 웹 4.0의 징후임을 보여준다. 스마트시티와 결합한 디지털 거버넌스는 투명성과 참여를 기반으로 민주주의를 확장하려는 시도다. 그러나 기술이 권력을 분산시키지 못하고 오히려 집중시킬 위험도 있다. 그렇기 때문에 제도적 안전장치와 윤리적 기준이 반드시 병행되어야 한다. 그래야만 이 실험이 사회적 진보로 이어지고, 웹 4.0이 약속한 새로운 민주주의의 지형이 현실로 완성될 수 있다.

스마트시티, 그림자를 빛으로

스마트시티가 발전할수록 도시 간 격차는 더욱 커질 수 있다. 첨단 인프라가 집중된 도시와 그렇지 못한 지역 사이에는 삶의 질에서 큰 차이가 벌어진다. 디지털 격차는 인터넷 속도와 같은 단순한 문제가 아니다. 교육, 의료, 교통 등 사회 전반의 불평등으로 이어지는 구조적 문제다. 과거에도 기술 혁신이 불평등을 더하는 역설은 반복되었다. 따라서 스마트시티는 출발 단계에서부터 포용성을 고려하지 않으면 같은 실수를 되풀이할 수밖에 없다.

또 하나의 그림자는 감시 사회로의 전락 위험이다. 도시 곳곳에 설치된 센서와 카메라는 교통과 안전을 개선하지만, 동시에 시민의 일상 전반을 기록한다. 데이터가 권력 기관이나 특정 기업에 과도하게 집중되면 편리함이 자유를 잠식할 수 있다. 중국 일부 도시에서 운영된 '사회 신용 시스템'은 데이터 행정이 효율성과 시민 감시 사이에서 어떤 균형을 찾아야 하는지를 보여주는 사례로 자주 언급된다.

이와 맞물려 살펴 볼 쟁점은 개인정보 보호와 데이터 주권이다. 아무리 기술이 발달해도 시민이 자신의 데이터를 직접 통제하지 못하면 불안은 커질 수밖에 없다. 분산 저장과 암호화 기술이 대안이 될 수 있지만, 제도적 장치와 사회적 합의가 뒷받침되지 않는다면 실질적 보호로 이어지기 어렵다. 시민이 데이터의 주인이 되는 구조가 마련될 때만 스마트시티는 신뢰를 기반으로 성장할 수 있다.

그러나 신뢰가 확보되더라도 지속 가능성이라는 또다른 과제가 남는다. 도시가 지능화될수록 서버와 데이터 센터의 에너지 소비는 폭증하고, 전자 폐기물 문제 또한 심화된다. 친환경 기술과 재생에너지가 결합하지 않는다면 스마트시티는 오히려 환경 부담을 키우는 모순에 빠질 수 있다.

일부 도시는 이미 이 문제에 대응하기 시작했다. 싱가포르는 '스마트 네이션(Smart Nation)' 전략을 추진하며, 도시의 에너지 효율화와 탄소 배출 감축을 중요한 과제로 삼았다. 세종시도 스마트시티 국가 시범도시 설계 단계에서 에너지와 환경을 핵심 요소로 설정하고, 데이터 기반 도시운영과 환경관리의 융합을 목표로 하고 있다. 이러한 시도들은 스마트시티가 웹 4.0의 추상적 비전이 아니라 현실에서 구현되고 평가받는 시험대임을 보여준다.

스마트시티와 디지털 거버넌스의 미래는 균형 위에서 결정된다. 혁신은 필요하지만, 그 혁신이 포용과 자유, 개인정보 보호, 환경적 책임과 함께하지 않는다면 지속 가능성을 담보할 수 없다. 각 도시의 선택은 지역이 아닌 글로벌 협력과 경쟁의 무대에서 평가받는다. 웹 4.0은 바로 이 균형을 찾기 위한 거대한 사회적 실험장이며, 그 성패는 기술이 아니라 사회 전체의 선택과 의지에 달려 있다.

돈과 데이터, 코드가 짜는 질서

2부

금융과 비즈니스의 재구성

4장

과거 금융은 변화에 민감하면서도 충격을 가장 크게 경험한 영역이었다. 웹 4.0은 AI와 블록체인을 토대로 금융을 다시 설계하고 있다. 그러나 변화의 흐름은 금융에 머물지 않는다. 글로벌 패권 경쟁과 플랫폼 권력의 재편으로 이어지며, 세계 경제의 질서를 다시 세우는 거대한 흐름으로 확산되고 있다. 금융의 변화는 곧 사회 질서의 변화다. 이 장에서는 디지털 전환부터 화폐의 미래, 그리고 플랫폼 권력의 재구성까지, 웹 4.0이 불러올 격변의 흐름을 따라가 보고자 한다.

AI 기반 금융 서비스의 진화

1

은행 창구 앞에 길게 늘어선 줄을 떠올려보자. 간단한 예금이나 송금 때문에 반나절을 허비하던 모습은 인터넷 뱅킹과 모바일 앱의 등장으로 이미 과거 일이 되었다. 그러나 지금 우리가 마주한 변화는 더 빨라지고 편리해졌다는 수준을 넘어선다.

오늘날의 금융은 AI를 통해 전혀 다른 방식을 익혀가고 있다. 돈의 흐름은 단순한 숫자의 나열이 아니라 데이터와 알고리즘이 주고받는 대화 속에서 다시 정의된다. 더 많은 영업점과 더 큰 자본이 경쟁력이던 시대는 끝났다. 이제 금융의 미래는 누가 더 많은 데이터를 축적하고 얼마나 정교하게 AI를 다루는가에 달려 있다.

금융의 디지털 전환관 AI의 등장

　AI는 금융을 반복적인 숫자 계산의 틀에서 끌어내고 있다. 과거의 대출 심사가 연봉, 직장, 담보와 같은 제한된 정보에 의존했다면, 이제는 소비 습관, 온라인 거래 기록, 심지어 SNS에서 드러나는 사회적 신뢰도까지 분석의 대상이 된다. 마치 오랫동안 내 생활을 지켜본 은행원이 내 앞에 앉아 있는 듯하지만, 그 은행원은 수억 건의 데이터를 동시에 기억하는 존재다. 정성적 판단이 수치와 패턴으로 변환되는 순간, 금융의 풍경은 근본적으로 달라진다.

　투자 시장에서도 변화는 더 극적이다. 과거에는 전문가의 경험과 직감이 시장의 흐름을 읽는 주요 자산이었지만, 지금은 AI 시스템이 초 단위로 쏟아지는 시장 데이터를 분석하며 움직인다. 인간이 막연히 느끼던 불확실성도 AI는 수리적으로 해석해 즉각 매매 신호로 전환한다.

　실제로 JP모건의 AI 기반 초고속 매매 시스템 LOXM은 수십억 건의 과거 거래 데이터를 학습한 뒤, 유동성과 주문 규모 등을 실시간으로 고려해 시장 충격을 최소화하면서 최적의 가격으로 거래를 실행하도록 설계되었다. 이렇듯 전문가의 직감과 경험이 AI를 통해 보완되면서 새로운 전략이 가능해진 시대가 되었다.

　소비자가 체감하는 금융의 모습도 달라졌다. 잔액 확인이나 단순 거래만을 위한 금융 앱은 더이상 주목받지 못한다. 그 자리를 대신하는 것은 개인 금융 비서 역할을 하는 서비스다. 어떤 앱은 '고객님, 이번 달은 지출이 많으니 저축보다 보험에 신경 쓰세요'라는 조언을 건네고, 또다른 서비스는 소비 패턴을 분석해 맞춤형 금융 상품을 추천한다. 금융은 계좌 속 숫자가 아니라 삶의 맥락을 읽고 미래를 제안하는 조언자에 가깝다

최근의 뜨거운 화두인 AI 에이전트가 금융 영역으로 진입하면서, 금융은 또 한 번 진화의 문턱에 들어섰다. 예를 들어 한 개인이 '몇 년 후 유학 자금 마련, 자동차 구매, 은퇴 준비용 연금 가입'처럼 여러 목표를 동시에 세운다고 하자. AI는 이 목표들을 분석해 자동으로 포트폴리오를 설계하고, 시장 변동과 생활 패턴에 맞춰 실시간으로 조정한다. 심지어 소득이 끊기거나 생활 리듬이 흔들리는 순간에는 감정과 행동 패턴의 변화까지 반영해 위험 회피형 시나리오를 작동시킨다.

Case	내용	AI 에이전트	핵심 기술
유학 자금 차량 구매 은퇴 자금	목표에 적합한 포트폴리오 자동 설계	고객 목표 분석 상품 맵핑 시나리오 설계	LangChain tools 등
일시 휴직 해고 등	감정, 생활패턴 시나리오 (리스크 회피형)	감정 추출 행동기반 프롬프트 상황 대응 상품 설계	LangChain + Emotion - Classifier 등
결혼 자금 마련	비정형 대화 기반의 포트폴리오 구성 (저축, 투자 최적화)	대화 정보 추론 실시간 가설 설계 시나리오간 비교	LangChain + memory 등

초개인화와 금융 에이전트의 융합

이 과정에는 우리가 일상적으로 사용하는 AI 기술이 활용된다. 예컨대 랭체인(LangChain)은 다양한 데이터와 모델을 연결해 사용자의 상황에 맞는 금융 시나리오를 구성하는 도구다. 또한 감정분류 모델(Emotion Classifier)은 대화 톤이나 생활 패턴을 분석해 위험 회피형 성향을 보이는 사용자에게 보다 안정적인 금융 상품을 추천한다. 여기에 기억 기능(memory)을 가진 대화형 AI가 더해지면, 사용자의 요청을 잊지 않고 축적해 시간이 지날수록 더욱 현실적인 재무 계획을 제시한다.

리스크 관리 방식도 완전히 달라졌다. 환율이 요동치거나 글로벌 금융시장이 흔들릴 때, 과거에는 하루 단위로 작성되던 보고서가 이제는 실시간으로 갱신된다. AI가 전 세계의 주요 지표를 모니터링하며 몇 분 안에 대응 전략을 제시하기 때문이다. 위기라는 단어는 여전히 존재하지만 그 속도와 체감은 전혀 다른 차원으로 변화했다. 금융은 이제 사람의 손길보다 데이터와 AI의 계산에서 더 많은 해답을 찾기 시작했다.

투자, 신용, 보험 - 혁신의 현장

2020년대 초반까지, 국내 금융권에 도입된 로보어드바이저(Robo-advisor)는 여전히 1세대 수준에 머물러 있었다. 금융위원회가 2016년 테스트베드 제도를 마련하면서 은행과 증권사가 잇따라 관련 상품을 출시했다. 그러나 당시 서비스의 대부분은 투자자의 나이, 자산 규모, 위험 성향을 입력하면 미리 짜인 모델로 포트폴리오를 배정하는 방식이었다. 규칙 기반 알고리즘에 단순 머신러닝을 결합한 구조였기에 자동 자산 배분 도구라는 표현이 더 어울렸고, 시장 변동에 민첩하게 대응하기에는 한계가 뚜렷했다. 결과적으로 투자자의 개별 상황을 세밀하게 반영하기보다는 정적인 조언을 반복하는 보조 장치에 가까웠다.

그러나 2024년 말, 퇴직연금 분야에 전환점이 찾아왔다. 금융위원회가 퇴직연금 로보어드바이저 일임서비스를 혁신 금융서비스로 지정하면서, 2025년 3월부터 일부 사업자가 순차적으로 관련 서비스를 출시했다. 현재 도입된 서비스는 투자자의 성향과 시장 변동성을 고려해 자동으로 포트폴리오를 조정하고, 자산 비중을 재조정(rebalancing)하는 기능을 제공한다. 여기에 생성형 AI, 강화 학습, 그리고 뉴스 및 공시 분석 기능까지 결합되면서 투자 전략은 훨씬 정교해지고 설명력까지 확보하게 되었다. 이로써 단순 자동화 도구를 넘어 투자자의 의사결정을 함께 고민하는 지능형 파트너로 발전할 기반이 마련되었다.

신용평가 분야에서도 의미 있는 변화가 일어났다. 2025년 4월, 미국의 주요 신용평가사들이 공동 운영하는 밴티지스코어 솔루션(VantageScore Solutions)은 밴티지스코어 5.0을 발표했다. 이 모델은 통신비와 공공요금 납부 기록 등 기존에는 금융권에서 활용하지 않았던 데이터를 적극 반영해, 신용 기록이 부족한 '씬파일(thin file)' 계층의 평가 예측력을 약 9% 향상시킨 것으로 보고되었다.

국내에서도 신용평가사들이 금융 거래 이력이 부족한 소비자(thin filer)를 위한 AI 기반의 대안 신용평가 모델을 지속적으로 실험하고 있다. 예컨대 배달 플랫폼의 정산 내역, 온라인 거래 평판 데이터, 계좌 이체 내역, 심지어 ATM 이용 같은 소액 반복 거래 내역까지 평가에 반영한다.

이러한 변화는 통계 이상의 의미를 지닌다. 프리랜서로 일하는 20대 청년이 과거에는 신용 기록 부족으로 대출을 거절당했지만, 이제는 통신 요금 납부 성실도와 온라인 플랫폼에서 쌓은 평판이 새로운 신용의 근거가 된다. 은행이 사용 데이터의 범위를 넓혀 위험을 더 세밀하게 분류할수록, 기존 심사 기준에서 소외되었던 금융 취약 계층의 대출 승인 기회는 점차 넓어진다. 이처럼 보이지 않던 신뢰가 수치로 측정되고, 사회 곳곳에 흩어져 있던 행동과 관계는 새로운 금융 자산으로 전환된다.

보험 산업 역시 AI가 불러온 변화의 진원지다. 미국의 대형 생명보험사 존 행콕(John Hancock)은 2024년 11월부터 모든 생명보험 상품에 웨어러블 기반 프로그램인 '바이털리티 플러스(Vitality PLUS)'를 도입하며, 가입자에게 애플워치 시리즈10을 제공하기 시작했다. 이 프로그램은 걸음 수, 수면 패턴, 심박수 등의 활동 데이터를 측정해 건강 관리 수준에 따라 보험료 할인이나 보상을 제공하며 가입자가 스스로 건강한 생활을 유지하도록 유도한다.

국내 주요 생명보험사도 건강 데이터 연동 보험료 할인제를 본격화하고 있다. 소비자의 걸음 수, 심박수, 수면 패턴 등 웨어러블 기기의 지표가 곧바로 보험료 산출에 반영되는 구조다. 웨어러블은 이제 보험료를 절감하는 열쇠가 되었고, 보험사에는 고객의 생활 습관을 실시간으로 파악할 수 있는 새로운 창이 열렸다.

자동차 보험 시장은 어떨까. 이 또한 변화의 한가운데에 있다. 요즘 주목받는 것은 사용자 기반 보험(Usage-Based Insurance, UBI)이다. 말 그대로 보험료가 운전자의 실제 운전 습관에 따라 달라지는 방식이다. 급가속이나 급정지 기록은 불이익으로, 안전 운전 점수는 혜택으로 즉시 반영된다. 2024년 미국의 소비자 조사기관인 제이디파워(J.D. Power)가 발표한 보고서에 따르면, UBI 상품에 가입한 운전자의 만족도가 전통적인 정액 상품보다 훨씬 높게 나타났다.

국내 시장도 예외는 아니다. 최근에는 월별 안전 운전 점수에 따라 보험료가 조정되는 특약 상품이 속속 등장하고 있다. 일례로 한 달 동안 급정지를 줄이면 다음 달 고지서에 바로 할인이 적용되는 식이다. 보험 설계서에만 의존하던 과거와 달리 도로 위에서의 실제 행동이 즉각적인 비용 변경으로 이어진다.

이렇듯 투자, 신용, 보험의 세 영역은 AI와 데이터 혁신을 통해 빠르게 재구성되고 있다. 서비스는 점점 더 정밀하게 개인화되고, 기회는 더 많은 사람에게 열리고 있다.

초개인화 금융과 달라진 소비자 경험

아침에 눈을 뜨자마자 스마트폰이 하루의 계획을 알려준다. '오늘은 교통비 지출이 많을 수 있으니 점심 후 커피는 쿠폰을 활용하세요.' 국내 일부 은행 앱의 생활비 예측형 알림 서비스는 카드 결제 패턴과 교통 앱 데이터를 결합해 하루 단위로 소비 조언을 제공하고 있다.

초개인화 금융은 사람을 집단의 일부로 보지 않는다. '30대 직장인 남성'이라는 범주 대신, '매일 아침 카페에서 결제하고, 저녁에는 온라인 강의를 수강하며, 주말마다 헬스장을 가는 개인'으로 인식한다. AI는 이런 생활 패턴을 데이터로 엮어, 마치 개인별 라이프스타일 DNA 또는 개인별 금융 행동 지도처럼 학습한다. 그래서 어떤 날은 지출이 몰리는 시점에 맞춰 알림을 보내고, 또 어떤 날은 예상치 못한 수입 흐름을 포착해 저축을 제안한다.

투자 조언 역시 세밀해지고 있다. 사용자가 관심 있게 본 뉴스나 최근 검색한 키워드가 실시간 포트폴리오 제안에 반영되기도 한다. 예컨대 '여행 관련 검색이 늘었으니 항공사 ETF 비중을 조금 늘려보면 어떨까요'라는 메시지가 앱 알림창에 뜨는 식이다. 미국 핀테크 기업 로빈후드(Robinhood)는 2024년부터 뉴스와 검색 이력을 투자 추천 알고리즘에 반영했고, 국내 일부 증권사도 개인의 콘텐츠 소비 성향을 반영한 시범 서비스를 시작했다. 개인의 관심사와 투자 전략이 맞물리는 경험은 과거에는 상상하기 어려웠던 일이다.

보험의 초개인화는 또다른 방식으로 구현되고 있다. 아침에 웨어러블 기기가 전송한 건강 데이터는 보험 앱에서 바로 피드백으로 돌아온다. 수면 점수가 평소보다 높으면 '이번 달은 할인 혜택이 적용됩니다'라는 알림이 뜨고, 운동 기록이 부족하면 생활 습관 개선을 권유하는 메시지가 도착한다. 보험은 이제 사고 보장의 기능을 넘어 일상의 리듬을 관리하고 개선을 유도하는 생활 코칭 서비스로 다가오고 있다.

이러한 변화는 금융 경험 자체를 생활의 일부로 흡수시킨다. 소비자는 자신도 모르게 금융 서비스를 사용하고, 때로는 금융 서비스가 먼저 행동을 제안한다. 한 시중은행이 'AI 라이프 어드바이저'를 표방했듯이, 금융은 눈에 띄지 않게 일상에 스며들며 소비자의 습관을 설계하고 있다.

초개인화 금융의 목적은 사람들의 선택 부담을 줄이고 만족과 몰입을 높이는 데 있다. 그러나 동시에 사람들은 AI의 제안에 점점 더 의존하게 된다. 내가 선택하는 것인지, 아니면 AI가 내게 선택을 강요한 것인지 그 경계가 희미해진다. 편리함과 자율성 사이의 긴장선 위에서, 웹 4.0 금융은 지금 새로운 실험 무대를 열고 있다.

기회와 위험, 그리고 다가올 금융의 풍경

앞서 본 대로, 투자 자문과 신용 평가 그리고 보험 설계에 이르기까지 금융 서비스가 점점 더 정교해지면서 그동안 금융 접근성이 낮았던 소외 계층도 한결 수월하게 금융을 이용할 수 있게 되었다. 2007년 모바일 송금 결제 서비스로 시작한 케냐의 엠페사(M-Pesa)는 이제 마이크로 보험과 소액 대출로 영역을 넓히며 농민과 상인의 일상을 바꾸고 있다. 현재 엠페사는 케냐 국민의 90% 이상이 사용하는 생활 금융 플랫폼으로 성장하며, 포용 금융의 상징이 되었다.

그러나 기회가 있는 곳에는 언제나 위험이 공존한다. AI가 신용을 판단할 때 학습 데이터에 편향이 스며 있다면 특정 지역이나 집단이 부당하게 배제될 수 있다. 실제로 미국의 일부 은행에서는 AI 대출 시스템이 라틴계와 흑인 고객에게 불리한 조건을 반복 산출해 사회적 논란을 일으킨 바 있다. 자동화된 편견은 인간의 차별보다 더 빠르고 넓게 확산된다는 점에서 더 치명적이다.

AI 활용이 많은 보험 분야도 데이터 남용의 위험에서 자유롭지 않다. 건강 데이터를 활용한 보험료 산정이 확대되면서 흡연, 비만, 수면 부족 같은 생활 습관이 곧바로 불이익으로 이어질 수 있기 때문이다. 유럽의 일부 보험사에서는 고위험군 고객의 보험료가 두 배 이상 높아지며 사회적 논쟁이 일었다. '데이터가 곧 낙인'이 되는 사회에서 금융은 보호막이 아니라 배제의 도구가 될 수 있다는 경고다.

또다른 위험은 의사결정 구조의 집중이다. AI 모델과 방대한 데이터를 보유한 소수의 빅테크 기업이 시장 표준을 장악한다면, 금융의 다원성은 사라질 수밖에 없다. 이미 아마존은 미국의 중소기업 대출을, 텐센트는 중국의 소액결제를 주도하며 기존 은행을 압도하는 영향력을 행사하고 있다. 이렇게 되면 소비자는 오히려 선택지가 줄게 되고 결국엔 금융의 민주화가 아니라 독점화로 기울어질 수 있다.

금융 영역에서의 웹 4.0은 지금 선택의 기로에 있다. 자동화된 편견을 방치할 것인가, 아니면 윤리적 AI와 규제를 통해 새로운 신뢰 구조를 만들 것인가. 또한 금융 포용성을 확대할 것인가, 아니면 빅테크의 독점에 종속될 것인가. 미래 금융의 모습은 기술 그 자체보다 우리가 내리는 사회적 결정에 따라 전혀 다른 방향으로 전개될 것이다.

스테이블코인,
화폐가 코딩되다

2

 돈은 언제나 그 시대의 얼굴을 비춰왔다. 금화가 교환 수단이던 시절에는 무게와 광택이 곧 부의 증표였다. 지폐가 등장하면서 가치는 금속이 아니라 국가의 보증으로 전환되기 시작했다. 눈으로 확인하던 신뢰가 제도의 약속으로 바뀌는 순간이었다.
 20세기에 들어서면서 돈은 더욱 추상적인 형태로 변했다. 플라스틱 카드와 모바일 뱅킹은 우리의 눈앞에서 돈을 지워버렸지만, 그 흐름은 여전히 중앙기관의 조정 아래 있었다. 현금을 들고 다니지 않아도 되는 시대가 되었지만, 결제 데이터는 언제나 은행과 정부가 허락한 경로를 따라 흘렀다.

그러던 2008년, 금융위기의 충격 속에서, 사토시 나카모토의 비트코인 백서는 완전히 다른 길을 제시했다. 중앙은행 없이도 작동하는 네트워크 화폐라는 개념은 '돈은 반드시 국가가 만든다'라는 전제를 정면으로 뒤집었다. 처음에는 작은 실험처럼 보였지만, 이 아이디어는 곧 전 세계 금융 질서에 균열을 일으켰다. 돈의 정의 자체를 새롭게 세워야 한다는 인식이 싹트기 시작했다.

종이에서 코드로, 돈의 데이터화

비트코인이 연 문은 곧 다른 주자들에게 이어졌다. '변동성이 없는 디지털 화폐는 가능할까'라는 문제의식에서 스테이블코인이라는 구상이 탄생했다. 2010년대 중반 이후, 테더(USDT)나 USDC 같은 기업들은 달러나 위안화에 가치를 연동한 스테이블코인으로 변동성이 큰 암호화폐의 문제점을 보완하고자 했다. 이후 각국 중앙은행은 자국 화폐를 디지털화한 CBDC(Central Bank Digital Currency, 중앙은행이 발행한 디지털 법정 화폐) 실험에 나섰다. 개인의 실험에서 시작한 디지털 화폐가 제도권의 언어와 만나는 순간이었다.

이제 돈의 본질은 점차 데이터로 응축되고 있다. 가치는 종이가 아니라 블록체인에 기록된 토큰을 통해 매개된다. 신뢰의 근원은 중앙은행의 금고가 아니라 전 세계에 흩어진 수많은 노드의 합의로 옮겨가며, 돈은 손에 잡히는 실물이 아니라 네트워크를 따라 흐르는 하나의 데이터 존재로 변하고 있다.

　이 흐름은 단절된 사건이 아니라 화폐 진화의 연속선상에 있다. 금본위제에서 달러 패권으로, 그리고 신용 기반 화폐를 거쳐 오늘날의 디지털 화폐로 이어지는 과정은 화폐 역사의 궤적을 보여준다. 과거의 패권 도구가 금, 국채, 군사력이었다면 이제는 코드와 네트워크가 그 자리를 대신하고 있다. 화폐의 얼굴은 다시 한번 바뀌고 있으며, 그 중심에는 데이터가 있다.

CBDC vs 스테이블코인, 신뢰의 다른 경로

　돈이 데이터로 전환된 지금, 국가가 보증하는 CBDC와 시장이 만들어낸 스테이블코인은 서로 다른 신뢰의 뿌리를 드러내며 맞서고 있다. 겉보기에는 둘 다 블록체인 위에서 작동하는 디지털 화폐지만, 출발점과 성격은 전혀 다르다. CBDC는 법정 화폐의 권위를 그대로 옮겨온 제도권의 연장선이고, 스테이블코인은 참여자들의 자율적 합의와 담보 구조 위에 세워진 대안적 실험이다. 같은 기술을 공유하지만 지향하는 방향이 다르다.

　CBDC는 국가가 직접 책임을 지는 구조이기에 형태 또한 체계적이다. 일반적으로 CBDC는 두 갈래로 구분된다. 도매형 CBDC는 은행 간 대규모 결제와 청산을 신속하게 처리하기 위해 설계되었고, 소매형 CBDC는 소비자가 지갑 속 현금처럼 사용할 수 있도록 마련되었다. 소매형은 다시 중앙은행이 직접 계좌를 운영하는 방식과 시중은행을 매개로 공급하는 이중계층 방식으로 나뉜다. 어느 방식이든 최종 신뢰의 담보자가 국가라는 사실엔 변함이 없다.

종류	핵심 내용
도매형	- 금융기관 간의 대규모 자금 이체와 정산을 디지털화 - 국내 실시간 총액결제(RTGS), 파생상품 결제(DvP), 국경 간 결제(PvP, mCBDC) → 프로그램화 가능
소매형	- 소비자와 기업이 일상 거래에서 사용할 수 있도록 설계 ① 직접형(direct): 중앙은행이 직접 지갑 및 계정 운영 ② 간접/이중계층형(intermediated/Two-tier): 시중은행이 고객관계를 맡고, 중앙은행은 도매원장만 관리

CBDC의 분류

스테이블코인은 CBDC와는 정반대의 길을 걸어왔다. 발행 주체는 민간 기업이며, 가치는 주로 달러나 국채, 금과 같은 실물 자산을 담보로 고정된다. 일부에선 가상자산을 기반으로 담보 구조를 설계하거나 알고리즘을 통해 안정성을 유지하려는 시도도 이어졌다. 하지만 2022년 테라-루나 사태가 보여주었듯 알고리즘만으로 구축된 신뢰는 쉽게 붕괴할 수 있다는 한계를 드러냈다.

종류	가격 유지 방식
준거담보	법화 담보형 (예금, 단기국채 등): USDT, USDC 등
	가상자산 담보형 (가상자산): DAI
	상품준거형 (금 등): Tether Gold 등
알고리즘	스마트 계약 알고리즘: 테라-루나 코인 (시장 퇴출)
스테이블코인의 분류	

현장의 모습은 두 제도의 차이를 더욱 극명하게 보여준다. 아르헨티나와 튀르키예에서는 시민들이 하루가 다르게 가치가 떨어지는 자국 통화 대신 달러 연동 스테이블코인을 실질적 화폐로 사용하고 있다. 장바구니 물가와 월세를 지켜내는 것은 은행이 찍어낸 지폐가 아니라 지갑 속의 디지털 달러였다. 국가의 법정 화폐가 사회적 불안정과 인플레이션에 흔들리는 사이, 역설적으로 미국 달러에 연동된 스테이블코인이 일상의 신뢰를 떠받치는 새로운 버팀목이 되었다.

중국은 정반대의 길을 택했다. 인민은행은 민간 스테이블코인을 철저히 배제하고, 디지털 위안화(e-CNY, 중국 중앙은행인 인민은행이 발행)를 국가가 승인한 유일한 디지털 화폐로 끌어올렸다. 이미 베이징 동계올림픽 같은 국제 무대에서 실제 결제가 이루어졌으며, 위챗페이, 알리페이가 지배하던 결제 시장도 점차 국가 통제 체제 안으로 편입되고 있다.

반면 미국은 정치적 논란 속에서 CBDC 발행 속도가 늦어지자, 테더와 USDC 같은 민간 스테이블코인이 사실상 디지털 달러의 역할을 대신하고 있다. 최근에는 도널드 트럼프 대통령의 가족이 운영하는 월드 리버티 파이낸셜(World Liberty Financial)에서 새로운 스테이블코인인 USD1을 발행하기도 했다. 민간이 앞서 나가는 미국과 국가가 주도하는 중국, 두 나라의 선택은 데이터 화폐의 세계가 얼마나 다양한 길을 열어놓고 있는지를 잘 보여준다.

결국 CBDC와 스테이블코인은 서로 다른 문을 통과해 같은 목적지를 향하고 있다. '미래의 돈은 누가 만들고, 누가 통제하며, 누구의 신뢰 위에서 작동할 것인가'를 둘러싼 주도권의 문제다. 이는 기술 경쟁이라기보다 앞으로의 세계 질서를 결정할 정치 경제적 선언에 가깝다. 그리고 선택이 어느 쪽으로 기울 것인가에 따라 돈의 미래는 달라진다.

현장에서 드러나는 결제의 변화

오랫동안 해외 송금은 은행과 국제망의 전유물이었다. 국경을 넘는 돈은 며칠씩 걸리는 것이 당연했고, 건당 수십 달러에 이르는 수수료는 피할 수 없는 비용이었다. 그러나 스테이블코인은 이 오랜 질서를 단숨에 뒤집었다. 송금은 몇 분 만에 완료되고, 수수료는 몇 센트 수준으로 낮아졌다.

무역 현장에서도 변화의 조짐이 뚜렷하다. 중동의 에너지 기업과 아시아의 제조업체가 결제 대금으로 스테이블코인을 선택하는 경우가 늘고 있다. 환율 변동 위험을 줄이고, 결제 지연에 따른 불확실성을 없앨 수 있기 때문이다. 보이지 않는 윤활유처럼 스테이블코인은 무역의 체질을 바꾸는 조용한 혁신으로 자리 잡고 있다.

소액 결제와 구독 서비스는 변화의 최전선이다. 음악 스트리밍이나 뉴스 구독 분야에서 기존 카드망은 소액 단위 과금에 비효율적이었지만, 블록체인 결제는 0.01달러 수준의 거래까지 가능하다. 또한 광고 차단 기능과 결합한 새로운 보상 모델은 창작자가 플랫폼을 통하지 않고 이용자로부터 직접 보상받는 구조를 만들었다. 콘텐츠 산업은 광고 기반 수익에서 벗어나 독자와 창작자가 직접 연결되는 방향으로 이동 중이다.

글로벌 기업도 이 흐름을 시험하고 있다. 테슬라는 비트코인 결제를 도입한 바 있으며, 스타벅스는 자사 앱에 블록체인 결제 기능을 연동했다. 마이크로소프트 역시 게임 플랫폼에서 암호화폐 결제를 시험했다.

기존 금융망도 방어에 나섰다. 비자카드와 마스터카드는 자체 블록체인 프로젝트를 가동하고 있으며, 글로벌 은행은 송금 시스템을 디지털 자산 플랫폼과 연동하기 시작했다. 그 결과 소비자가 체감하는 결제 환경은 크게 달라졌다. 송금은 더 빨라지고, 비용은 낮아졌으며, 거래 과정은 이전보다 훨씬 투명해졌다.

우리가 맞이할 내일의 결제

결제는 이미 생활 깊숙이 스며들었다. 정기 구독료는 사용자가 확인하기도 전에 스마트 계약을 통해 자동으로 빠져나가고, 해외 송금은 메신저에서 이모티콘을 보내듯 가볍게 처리된다. 결제는 돈을 꺼내 쓰는 행위가 아니라 데이터가 흘러가는 경험으로 바뀌고 있으며, 이 흐름은 앞으로 더욱 공고해질 전망이다.

이러한 변화는 금융 서비스의 경계마저 허물고 있다. 개인이 커피값을 스테이블코인으로 지급하면 남은 잔액은 단순 보관에 머무르지 않고 자동으로 예치 서비스나 디파이(DeFi, 블록체인 기반 탈중앙화 금융)로 연결된다. 한 번의 결제가 곧 금융 자산의 운용으로 이어지는 구조다. 앞으로는 결제와 금융 관리가 하나의 플랫폼 안에서 정교하게 결합하며 소비자는 디지털 지갑 하나만으로 소비와 자산을 함께 관리할 수 있게 된다.

금융 포용성 측면에서도 중요한 의미를 보여준다. 은행 계좌조차 만들기 어려웠던 개발도상국 시민들도 이제는 스마트폰 하나로 글로벌 경제에 참여할 수 있다. 블록체인 네트워크에 접속하는 순간, 누구든 결제, 저축, 투자를 동시에 실행할 수 있기 때문이다. 이 흐름은 머지않아 수억 명의 새로운 금융 참여자를 탄생시킬 것이다.

물론 위험도 함께 커지고 있다. 과거 몇 차례의 사건에서 경험했듯 블록체인의 익명성은 자금세탁이나 불법 거래에 악용될 수 있고, 변동성이 큰 디지털 자산은 소비자의 자산 운용에 불안 요소로 작용한다. 따라서 정부, 금융권, 소비자 모두가 이 안정과 불안의 균형을 어떻게 조율할 수 있을지 끊임없이 시험대에 오르게 된다.

국제 금융 질서도 이미 변화를 맞고 있다. 미국 달러, 중국 위안화, 유럽 유로는 각자의 디지털 버전으로 무대에 올라 패권을 다투고 있다. 신흥국도 자국 스테이블코인을 무역 결제에 연동하며 새로운 기회를 모색하기 시작했다. 앞으로 작은 나라는 외환 리스크를 최소화하려 하고, 큰 나라는 새로운 패권 전장에서 경쟁하는 형국이 뚜렷해질 전망이다.

우리가 맞이할 내일의 결제는 개인의 일상과 세계 질서를 동시에 관통하고 있다. 개인은 더 자유롭게 금융을 활용하고, 기업은 더 민첩하게 대응해야 하며, 국가는 국제 질서에 걸맞은 전략을 새롭게 설계해야 한다.

웹 4.0의 시대, 돈은 더이상 중앙기관이 찍어내는 지폐가 아니다. 이제 돈은 블록체인 위를 흐르는 코드 자산으로 자리 잡고 있다. 다가올 미래의 변화는 결국, 세계 통화 질서가 어떻게 변화할 것인가라는 근본적인 질문으로 우리 앞에 다가오고 있다.

통화 패권 전쟁과
다가오는 기회

3

스테이블코인과 디지털 화폐가 생활 속 결제를 바꾸고 있다면, 그 변화는 자연스럽게 국제 무대로 이어진다. 눈앞의 송금이나 소액결제가 편리해진다는 차원을 넘어 세계 통화 체계의 토대가 흔들리고 있다. 화폐는 언제나 개인의 지갑을 넘어 한 국가의 힘과 영향력을 가늠하는 기준이 되어왔다. 그런 의미에서 디지털 화폐의 부상은 새로운 패권 경쟁의 서막이자, 국제 금융 질서를 다시 쓰는 조용한 전쟁의 시작이 되고 있다.

달러 패권의 역사와 균열

19세기에는 금이 권력의 척도였다. 금본위제 아래에서 영국 파운드는 세계 무역의 중심 통화로 자리 잡았다. 제국의 영향력은 금괴의 무게만큼이나 단단했고, 국제 금융의 언어는 파운드였다. 화폐의 권위와 제국의 위세가 일치하던 시대였다.

20세기 중반, 브레턴우즈 체제는 기존의 중심을 바꿔 놓았다. 미국 달러가 금과 직접 교환되는 유일한 통화로 지정되면서 기축통화의 지위를 확보했다. 세계 각국은 달러를 보유해야만 국제 무역과 금융에 참여할 수 있었고, 그 순간 화폐의 중심은 런던에서 뉴욕으로 옮겨 갔다.

1970년대 금태환이 종료되었지만 달러 패권은 오히려 더 강해졌다. 미국은 산유국과의 협약을 통해 원유 거래를 달러로만 결제하게 했고, 이로써 '페트로 달러' 체제가 공고해졌다. 달러는 더이상 금에 묶이지 않았지만, 그 대신 석유, 국채, 군사력이 새로운 기축의 버팀목이 되었다. 수십 년 동안 달러가 지배하는 국제 결제망은 사실상 도전 불가능한 질서로 굳어졌다.

그러나 무제한 발행과 반복되는 금융위기는 균열을 낳았다. 2008년 글로벌 금융위기 이후 양적 완화로 대량의 달러가 풀리자, 달러가 정말로 안전자산인가에 대한 의문이 제기되었다. 신뢰에 금이 간 순간, 국제 금융 질서는 대안을 찾기 시작했다. 패권의 안정성은 더이상 과거만큼 견고하지 않았다.

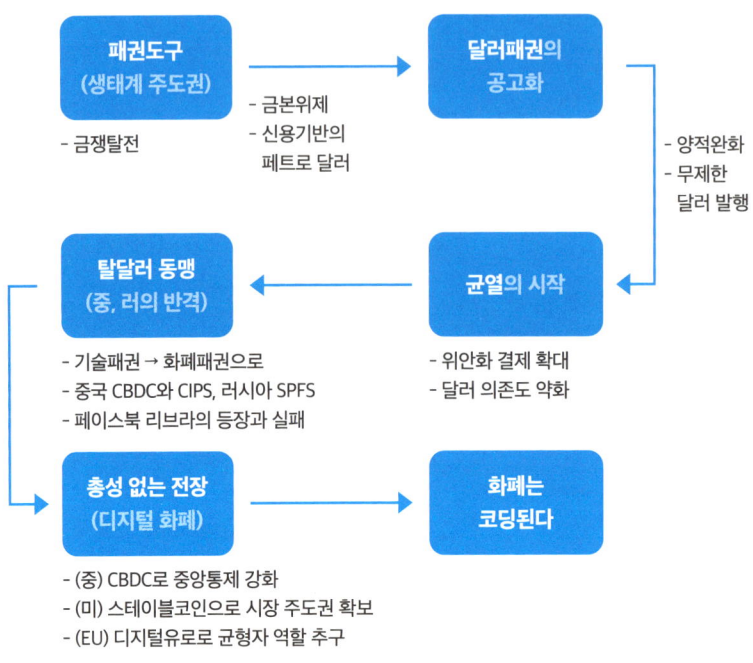

통화패권의 흐름

그 균열 사이로 코드와 네트워크가 들어왔다. 블록체인과 알고리즘으로 작동하는 새로운 화폐는 이제 실험 단계를 넘어 현실로 옮겨지고 있다.

통화 패권의 무대는 금과 석유에서 데이터와 네트워크로 이동하고 있다. 스테이블코인과 CBDC는 단순한 결제 수단이 아니다. 이것은 국제 통화 질서를 다시 설계할 수 있는 새로운 권력의 도구로 진화하고 있다.

코드로 옮겨간 새로운 전쟁터

금과 석유가 패권의 확실한 보증 수단이 되지 않자, 각국은 새로운 무기를 찾기 시작했다. 그 무기는 전통적 자원이나 군사력이 아니라 블록체인 위에서 작동하는 디지털 화폐였다. 오늘날 스테이블코인과 CBDC는 국제 경쟁의 전략 자산으로 변모했다.

스테이블코인은 원래 민간의 실험적 토큰으로 출발했지만, 이제는 사실상의 디지털 달러로 자리 잡았다. 무역 결제와 디지털 자산 거래에서 달러의 영향권을 디지털로 연장하는 통로가 되었다. 현재 테더와 USDC는 달러 스테이블코인 시장의 약 90% 이상을 점유한다. 미국 정부는 2025년 제정한 지니어스 법(GENIUS Act)으로 스테이블코인의 제도적 기반을 마련했지만, 제도 정비가 늦어지는 사이, 시장의 선택이 먼저 패권의 기반을 다져놓은 셈이다.

CBDC는 정반대의 전략적 무기다. 각국 중앙은행은 자국 통화를 디지털화하며 새로운 국제 질서를 설계하려 한다. 특히 중국은 일대일로(一帶一路) 참여국 간 무역 결제를 디지털 위안화로 처리하며 달러 의존도를 줄이려 한다. 이는 결제 효율을 넘어 통화 패권의 축을 이동시키려는 시도다. 한편 유럽은 디지털 자산 시장 규제법과 디지털 유로를 앞세워 통화 주권을 지키는 동시에 규율에 기반한 질서를 확립하려 한다. 미국의 민간 중심 모델, 중국의 국가 주도 모델과는 또다른 제3의 노선이다.

이 경쟁의 본질은 기술의 우열이 아니다. 국제 시장은 이미 디지털 화폐가 작동할 수 있음을 경험으로 확인했다. 2019년, 페이스북이 리브라(Libra) 프로젝트를 통해 전 세계 단일 디지털 화폐를 시도했을 때, 이것의 확장성과 가능성을 부정한 사람은 없었다. 문제는 그 잠재력을 국가들이 위협으로 인식한 순간이었다. 프로젝트는 각국 규제당국의 압력 속에 폐기를 강요당했다. 결국 화폐 경쟁은 금융 효율의 문제가 아니라 국제 질서를 누가 설계하고 지배할 것인가라는 정치적 합의의 문제로 확장되었다.

스테이블코인과 CBDC는 서로 다른 길에서 출발했지만 결국 같은 전선에서 만나고 있다. 패권 경쟁의 무대가 눈에 보이는 자원이 아니라 보이지 않는 코드와 네트워크라는 점에서다. 그리고 이 전쟁의 승패는 앞으로 수십 년간 세계 질서를 좌우하게 될 것이다.

달러 스테이블코인, 달러 패권의 무기

그렇다면 통화 패권 경쟁의 불씨는 어디에서 타오르기 시작했을까. 국가 차원에서 스테이블코인으로 패권 의지를 가장 먼저 드러낸 곳은 미국이었다.

2025년 1월 출범한 트럼프 2기 정부는 달러의 지위를 유지하기 위해 디지털 자산의 전략화를 공식 선언했고, 동시에 달러 스테이블코인의 합법적 개발과 사용을 장려했다. 달러 패권을 위해 국가가 스테이블코인을 제도적으로 수용한 첫 장면이었다.

그 배경에는 흔들리는 국채 수요가 있다. 2023년 말 기준 외국인이 보유한 미국 국채는 약 7조 6,000억 달러였고, 2024년 말에는 약 8조 5,000억 달러로 증가했다. 하지만 전체 국채에서 외국인이 차지하는 비중은 오히려 감소했다. 이중 일본은 약 1조 600억 달러, 중국은 약 7,600억 달러를 보유하고 있으나, 10여 년 전과 비교하면 비중이 확연히 줄어든 수치다. 미국은 이 채권 구조를 유지하기 위해 막대한 비용을 치르고 있다. 2024년 한 해 동안 외국인 투자자에게 지급한 국채 이자만 약 2,306억 달러에 달했다. 이는 달러 패권을 지탱하기 위한 현실적 비용이자, 동시에 새로운 해법을 찾게 만드는 압박이기도 했다.

2025년 6월, 외국인 보유 국채는 9조 1,000억 달러로 사상 최대치를 기록했지만, 그 안을 들여다보면 양상은 이전과 다르다. 일본과 중국 같은 전통적 채권 보유국이 점차 발을 빼는 사이, 공백을 메운 새로운 수요처가 등장했다. 그 자리를 메운 것은 테더(Tether)와 서클(Circle) 같은 민간 스테이블코인 발행사였다.

특히 테더는 2025년 2분기 기준 약 1,270억 달러 규모의 미국 국채를 보유하고 있으며, 이 규모는 미국 단기 국채 시장의 약 1.6%에 해당한다. 한국의 국채 보유액이 약 1,300억 달러 수준임을 감안하면, 하나의 회사가 한 나라에 버금가는 투자 규모를 보유한 셈이다.

트럼프 정부는 이 흐름을 단순한 시장 현상으로 두지 않았다. 2025년 3월에 열린 크립토 서밋에서 스테이블코인을 '디지털 시대의 통화 패권 설계 도구'로 규정했고, 이어 7월에는 지니어스 법을 통과

시켜 그 생태계를 제도권 안으로 편입시켰다. 스테이블코인이 공식적으로 국가가 인정한 결제 수단으로 인정받은 순간이었다.

　결국 트럼프 정부는 국채 수요를 떠받치고 국제 거래망에서 달러의 영향권을 확대하는 이중의 역할을 스테이블코인에 부여했다. 시장에서 먼저 등장한 스테이블코인을 흡수해, 이를 달러 패권의 디지털 버전으로 전환한 셈이다. 스테이블코인은 이제 미국 패권 전략에 편입된 새로운 무기가 되었다.

플랫폼 권력의 균열과
새로운 질서

4

국가의 통화 전략이 재배치되는 동안, 시장의 권력도 조용히 이동하고 있다. 다음 무대는 플랫폼이다. 결제가 달라지면 시장의 권력 구조도 흔들린다. 지금까지는 구글, 아마존, 네이버 같은 초대형 플랫폼이 데이터를 독점하고, 결제망을 장악하며, 생태계를 지배해 왔다. 광고와 수수료라는 단순하지만 강력한 모델이 그들의 아성을 떠받쳐온 기반이었다.

그러나 블록체인과 AI가 결제와 자산의 구조를 바꾸면서, 이 견고한 질서에 균열이 감지되고 있다. 이것이 곧 빅테크의 몰락을 의미하지는 않는다. 오히려 그들은 새로운 기술을 흡수하며 영향력을 확장하고 있어, 균열과 강화가 동시에 전개되는 복합적 국면이 펼쳐지고 있다.

흔들리는 플랫폼 권력

　기존 플랫폼 경제의 핵심은 '중개'였다. 소비자가 상품을 찾으면 플랫폼은 검색, 추천, 결제를 한 화면에 묶고 그 대가로 광고비와 수수료를 챙겼다. 이때 노출 순서와 가격 책정에 활용된 데이터는 모두 플랫폼 내부에 축적되어 사유화된 자산이 되었다. 결과적으로 수익은 중앙으로 집중되고, 참여자는 주변부로 밀려날 수밖에 없었다. 하지만 블록체인의 세계는 이 전제를 뒤집는다. 거래 내역과 정산 규칙을 공개 장부와 스마트 계약에 기록하면, 중개자가 없어도 연결, 지급, 정산이 가능하기 때문이다.

　변화는 창작자 보상 구조에서 뚜렷하게 드러난다. 과거에는 음악이 스트리밍 플랫폼과 유통사를 거치며 수익이 층층이 나뉘었다. 반면 블록체인 기반 모델에서는 청취자가 보낸 토큰이 스마트 계약을 통해 작곡, 연주, 믹싱 등의 기여자에게 곧바로 분배되며, 복잡한 정산이 코드가 보증하는 자동 정산으로 대체된다. 이 방식은 더이상 이론이 아니다. 국내에서도 일부 음악과 웹툰 플랫폼에서 창작자 직접 보상 시스템을 시도하고 있으며, 실험 단계였던 모델은 점차 현실의 지급 인프라로 옮겨가고 있다.

AI도 이 균열을 더 가속한다. 과거에는 방대한 데이터와 고도화된 추천 알고리즘이 대형 플랫폼의 전유물이었지만, 이제는 누구나 기본 모델을 빌려 쓸 수 있다. API(Application Programming Interface, 응용 프로그램 인터페이스)를 통해 손쉽게 연결하거나 오픈소스 모델을 변형해 소규모 팀이나 개인 창작자도 맞춤 추천, 검색, 상담봇을 구현할 수 있게 되었다. 대기업만 누리던 규모의 경제 효과가 기술의 보편화로 빠르게 줄어드는 셈이다.

이 변화는 승자와 패자의 문제가 아니다. 수익 구조 자체가 재편되고 있기 때문이다. 광고 의존 모델은 타기팅 데이터가 분산되면서 힘을 잃고 있다. 대신 창작자 직접 보상, 구독 기반 모델, 그리고 블록체인 토큰을 통한 인센티브 구조가 주목받고 있다. 여기서 토큰은 단순한 적립금이 아니다. 소유권, 접근권, 수익 분배 규칙이 코드에 담긴 디지털 자산이다. 참여자는 자동으로 보상을 배당받고, 데이터와 수익은 중앙이 아닌 네트워크 전체로 분산된다.

그렇다면 누가 유리할까. 기존 빅테크는 자체 지갑과 블록체인 서비스를 결합해 겉으로는 분산된 듯 보이지만 사실상 통제된 구조를 만들려 한다. 동시에 규제 논의에도 적극 개입하며 자신들의 우위를 제도적으로 지키려 한다.

반면 새로운 스타트업들은 프로토콜 중심의 구조를 내세워 코드와 커뮤니티가 직접 운영하는 '플랫폼 없는 플랫폼'을 실험하고 있다. 결국 결제에서 비롯된 작은 균열은 비즈니스 모델과 데이터 거버넌스 전반으로 번지고 있다. 그리고 이 균열이 어떤 질서를 새롭게 만들어낼지 누구도 장담할 수 없다.

웹 3.0이 꿈꾸던 실험,
웹 4.0이 만든 제도

    웹 3.0은 탈중앙 플랫폼이라는 새로운 가능성을 열었지만 많은 경우 실험적 구호에 머물렀다. 커뮤니티가 스스로 운영되고, 창작자가 직접 보상받으며, 사용자가 데이터의 주인이 되는 세상을 그렸지만, 실제로는 미완의 프로젝트가 대부분이었다. 그러나 웹 4.0에 들어서면서 이 구호들은 점차 실행할 수 있는 운영 체계로 제도화되고 있다.

    이 변화는 DAO의 진화에서 극명하게 드러난다. 웹 3.0 시절의 DAO는 느슨한 커뮤니티 실험에 가까웠다. 투표는 불규칙했고, 자금 운용은 모호했으며, 책임과 권한의 경계도 불분명했다. 하지만 웹 4.0의 DAO는 다르다. 투표 방식은 정교해지고, 지갑 관리와 회계 보고는 실시간으로 투명해졌으며, 팀 단위의 운영 구조까지 갖춰졌다. 여기에 AI가 참여자의 의견을 분류하고 합의 도출 과정을 지원하면서 DAO는 더이상 실험이 아닌 실질적 경영 모델이 되고 있다.

    콘텐츠 산업에서도 차이가 뚜렷하다. 웹 3.0 시절에는 '팬이 토큰으로 아티스트를 직접 보상한다'라는 아이디어가 제시되었지만, 대부분 현실화하기 전에 멈추었다. 구조는 이상적이었지만 정산과 권리 배분 시스템이 뒷받침되지 않았기 때문이다. 그러나 웹 4.0에서는 곡이 발표되는 순간, 스마트 계약이 자동으로 실행된다. 창작자, 제작자, 팬이 동시에 연결되고 수익은 즉시 분배된다. 중개자의 자리를 코드가 대체하며 참여자 모두가 시장의 주체가 된다.

SNS의 전환도 인상적이다. 웹 3.0 단계의 탈중앙 SNS는 '광고 없는 네트워크'를 실험했지만 이용자 확산에 한계가 있었다. 반면 웹 4.0의 SNS는 한 단계 더 나아가 사용자가 자신의 데이터와 콘텐츠를 토큰화해 직접 교환한다. 이제는 광고 모델을 부정하는 데서 멈추지 않고 데이터 소유권과 수익 권한을 커뮤니티가 함께 나누는 구조로 발전하고 있다.

영역	웹 3.0 (실험 단계)	웹 4.0 (제도화 단계)
DAO (조직 거버넌스)	느슨한 커뮤니티 실험 불규칙한 투표와 모호한 자금 운영	정교한 투표, 투명한 지갑 등 AI가 합의 도출 보조 실질적 경영 모델로 작동
콘텐츠 (음악, 창작)	'팬이 직접 보상한다'는 아이디어 → 실행 전 멈춤	스마트 계약 기반 즉시 정산 창작자,제작자, 팬을 동시연결 중개자 역할 축소
SNS (소셜 플랫폼)	광고 없는 네트워크 실험 → 이용자 확산에 한계	데이터, 콘텐츠의 토큰화 사용자가 토큰을 직접 교환 커뮤니티가 수익 권한 보유
금융 (투자, 거래)	크라우드 펀딩 대출의 보완적 대안	스마트 계약 기반 P2P 금융 국경 초월 실시간 실행 네트워크 중심 금융으로 전환

웹 3.0의 실험과 웹 4.0의 제도화

금융에서도 같은 흐름이 이어진다. 웹 3.0의 크라우드 펀딩은 은행 대출의 보완적 대안에 그쳤다. 그러나 웹 4.0에서는 스마트 계약 기반의 P2P 금융이 국경을 넘어 실시간으로 실행된다. 투자자와 기업은 중개자 없이 직접 연결되고 거래 내역은 블록체인에 남는다. 이로써 금융의 중심축은 '은행'에서 '네트워크'로 옮겨가게 된다.

물론 이 모든 변화가 완전히 정착된 것은 아니다. 그러나 흐름은 분명하다. 웹 3.0이 던진 구호는 웹 4.0에서 실행 가능한 제도로 바뀌고 있다. 탈중앙화 플랫폼은 선언에서 운영 체계로, 실험에서 현실로 이동하고 있다. 균열은 이미 시작되었고, 이 균열은 참여와 분산이라는 축을 따라 웹 4.0의 새로운 질서로 확장되고 있다.

바뀌는 수익 공식, 달라지는 시장

플랫폼이 분산되면 수익 모델 역시 달라질 수밖에 없다. 과거 빅테크가 광고와 수수료에 의존해 성장했다면, 웹 4.0의 플랫폼은 토큰, 구독, 참여 기반의 보상을 결합해 새로운 질서를 만들어간다. 창작자는 광고주를 거치지 않고도 팬과 직접 연결되며 기여에 따른 보상을 투명하게 받을 수 있다. 실제로 국내외 일부 콘텐츠 플랫폼에서는 창작자가 팬으로부터 토큰 형태의 후원이나 구독료를 직접 수취하는 실험이 진행되고 있다.

구독경제도 진화하고 있다. 넷플릭스나 멜론처럼 '월 단위 요금'을 고정적으로 내던 방식에서 벗어나, 웹 4.0에서는 이용자의 데이터와 참여도에 따라 과금이 유연하게 조정된다. 활발히 활동하는 사용자는 더 많은 혜택을 받고, 이용이 줄면 비용도 자동으로 낮아진다. 이미 일부 음악과 웹툰 플랫폼에서는 이용 빈도에 따른 차등 과금제를 채택해서 사용자의 행동 패턴이 곧 가격 정책으로 이어지는 구조를 구현하고 있다.

자산화의 흐름도 확산하고 있다. 디지털 그림이나 음원이 소비재가 아닌 투자 가능한 자산으로 전환되고, 콘텐츠나 권리를 토큰으로 발행해 거래하는 시도가 늘고 있다. 기업들은 부동산, 미술품, 탄소배출권 등의 실물 자산까지 디지털화하며 새로운 시장을 개척하려 한다.

실물과 디지털을 연결하는 하이브리드 모델도 빠르게 늘고 있다. 자동차 회사가 차량 구매자에게 디지털 트윈 NFT를 제공하면 소비자는 현실에서 차를 소유하는 동시에 가상 공간에서도 같은 차량을 체험할 수 있다. 패션과 소매 기업도 실제 제품 구매자에게 디지털 자산을 함께 제공하며 현실 소비와 가상 경험을 연동하는 구조를 실험하고 있다. 이것은 물리적 소비와 디지털 자산 형성이 겹치는 새로운 소비 패턴의 탄생이다.

이 모든 변화의 배후에서는 AI가 수익 모델의 자동화와 정교화를 이끌고 있다. AI는 사용자의 행동 데이터를 학습해 개인화된 상품을 추천하고, 거래 과정은 스마트 계약으로 즉시 실행된다. 예를 들어 특정 장르의 음악을 즐겨 듣는 소비자에게는 새로운 아티스트의 곡과 디지털 티켓이 동시에 제안될 수 있다. 소비자가 결정을 내리기도 전에 이미 최적화된 선택지를 접하게 되고, 수익 창출은 보이지 않는 알고리즘의 설계 속에서 이루어진다.

웹 4.0의 새로운 수익 모델은 기업만의 실험이 아니다. 이용자는 소비자에 머물지 않고, 자산을 공유하고 가치를 함께 만들어내는 공동 창작자가 될 수 있다. 게임과 콘텐츠 커뮤니티에서는 이용자가 보유한 토큰만큼 운영 의사결정에 참여하고, 수익의 일부를 배당받는 구조가 확산하고 있다. 시장의 규칙은 달라졌고, 전통적 기업 모델은 더이상 절대적 기준이 아니다.

기업의 얼굴, 시장의 얼굴이 바뀐다

웹 3.0이 남긴 실험이 웹 4.0으로 제도화되면서, 기업 구조와 시장의 질서는 점점 다른 얼굴을 띠기 시작했다. 과거의 기업은 업종별로 명확히 구분되었다. 은행은 금융을, 제조업은 생산을, 유통업은 판매를 맡았다. 그러나 이제는 작은 스타트업이 은행 기능을 수행하고, 전자상거래 플랫폼이 결제 인프라로 작동한다. 로고와 업종만으로 기업을 설명하던 시대는 이미 저물었으며, 시장은 점점 더 다양한 얼굴을 가진 참여자들의 연결망으로 변하고 있다. 단순히 '경계가 무너진다'보다는 '새로운 얼굴로 재구성된다'라는 표현이 오늘의 현실에 더 가깝다.

이 흐름 속에서 분산형 플랫폼은 경쟁의 규칙을 새로 쓰고 있다. 과거에는 중앙 서버의 신뢰가 기준이었지만, 이제는 합의 알고리즘이 그 역할을 대신한다. 소비자의 참여는 곧바로 자산으로 전환되고, 네트워크 안에서 신뢰를 확보하지 못한 기업은 아무리 거대해도 뒤처질 수밖에 없다.

소비자의 위치도 달라졌다. 물건을 사는 단순 구매자를 넘어 NFT를 구매한 팬은 후원자이자 투자자가 되고, 데이터를 제공하는 이용자는 기업의 수익 구조를 함께 만드는 동반자가 된다. 참여와 기여가 자산으로 환산되는 구조가 자리 잡으면서, 시장은 점점 더 참여형, 기여형 경제로 진화하고 있다.

국제 시장에서는 국가별 대응이 새로운 대립 구도를 만든다. 미국과 중국은 자국 플랫폼을 앞세워 패권 경쟁을 벌이고, 유럽은 규제와 윤리를 무기로 다른 길을 모색한다. 동시에 분산형 생태계는 거대 플랫폼의 틈새를 파고들며 독자적 자리를 넓히고 있다. 미래의 세계 시장은 단일한 패권이 아니라, 여러 축이 교차하는 다극적 구조로 재편될 가능성이 높다.

여기에 제도와 규제는 기술 못지않은 핵심 변수로 떠오른다. 혁신을 억누르지 않으면서도 불법 거래와 독점의 폐해를 막아야 하기 때문이다. 각국 정부의 정책 결정은 곧 기업의 전략을 바꾸고, 그 결과는 세계 경제 전체로 파급된다.

웹 4.0 시대의 기업과 시장은 우리가 알던 모습과는 크게 달라질 것이다. 기업은 더 작고 민첩해지고, 시장은 더 넓고 역동적으로 움직인다. 소비자와 생산자, 국가와 기업 간 경계도 희미해지면서 현재의 질서로는 설명할 수 없는 새로운 경제 구조의 등장이 예상된다. 그 얼굴이 아직 완전히 드러나지 않았지만, 윤곽은 이미 나타났으며 앞으로 점점 더 뚜렷해질 것이다.

프라이버시와 데이터 주권

―――――――――― 5장 ――――――――――

이제 우리는 변화의 동력인 '개인의 데이터'를 어떻게 보호하고, 어떤 원칙으로 활용할 것인가를 질문해야 한다. 그러나 보호와 활용 사이의 균형은 여전히 어렵고, 데이터 주권 역시 잘못 설계되면 또다른 독점의 씨앗이 될 수 있다. 지속 가능한 데이터 경제가 가능하려면 먼저 데이터 권리와 사회적 신뢰가 마련되어야 한다. 이 장에서는 신원 관리, 개인정보 보호와 투명성, 윤리적 AI라는 세 축을 중심으로 웹 4.0이 요구하는 자유와 책임의 원리를 살펴보고자 한다.

분산 아이덴티티와
신원 관리

1

웹 4.0 시대의 첫 질문은 단순하다. '내가 누구인지를 누가 증명하는가'이다. 온라인 신원은 금융, 의료, 행정 서비스에 접근하는 관문이었고, 그 열쇠를 지금까지는 국가 기관과 소수의 플랫폼이 쥐고 있었다. 개인은 편리함을 얻었지만 동시에 구조적 종속을 감수해야 했다. 그래서 데이터 주권을 둘러싼 논쟁은 언제나 신원 관리에서 출발한다.

실제 일상에서도 이 불균형은 뚜렷하게 드러난다. 오늘날 수많은 서비스가 구글이나 페이스북 계정 하나로 로그인되는 현실은 편리함을 제공하는 동시에 데이터 권력 집중의 전형을 보여준다. 즉, 한 번의 클릭으로 접근할 수 있는 편의성 뒤에는 플랫폼이 개인의 신원을 장악하는 구조가 숨어 있다. 이러한 경험이야말로 왜 새로운 신원 모델이 필요한지를 말해주는 실증적 사례다.

데이터 권력의 출발점, 신원

인터넷 초창기에는 아이디와 비밀번호면 충분했다. 그러나 데이터가 경제적 자산이 된 지금, 신원의 의미는 훨씬 무거워졌다. 신원은 이름과 생년월일에 그치지 않는다. 학력, 소비 패턴, 거래 내역, 신용점수까지 포괄하는 삶 전체의 집적체다. 그렇기에 이 데이터가 어디에 저장되고, 누가 검증 권한을 갖는지가 곧 권력의 향방을 결정한다. 신원 인증은 피상적인 보안 절차가 아니다. 금융, 의료, 교육과 같은 사회적 기회에 접근할 수 있는 관문이자, 동시에 그 문턱을 넘지 못한 이들을 배제할 수 있는 제도적 경계다.

이 문제를 다루기 위해 유럽연합은 새로운 제도적 해법을 제시했다. 2024년 5월, 유럽의회와 이사회는 eIDAS 2.0(전자 신원, 인증 및 신뢰 서비스 규정)을 최종 채택했고, 이 규정에 따라 모든 회원국이 시민과 기업에 유럽 디지털 신원 지갑(EU Digital Identity Wallet)을 의무적으로 제공하도록 했다.

이를 통해 개인은 주민등록, 운전면허, 학위 같은 자격 증명 정보를 직접 보관하고, 필요한 만큼만 선택적으로 공유할 수 있다. 심지어 은행 계좌 같은 금융 속성도 증명 수준에서 통합될 수 있도록 설계되었다. 이는 유럽 차원에서 분산 아이덴티티 개념을 가장 선도적으로 제도화한 시도로, 데이터 권력 구조를 플랫폼에서 개인 중심으로 재편하려는 움직임으로 평가된다.

국내에서도 유사한 흐름이 일찍부터 나타났다. 2019년 금융위원회가 규제 샌드박스를 통해 DID 기반 인증 서비스를 지정하면서 관련 기술이 제도권 안에서 시험되기 시작했다. 이후 일부 은행의 비대면 계좌 개설과 공공기관의 행정 서비스에 적용되며 활용 범위가 점차 넓어졌다.

2024년에는 한국인터넷진흥원(KISA)이 공공기관 블록체인 공동 인프라(K-BTF) 실증 사업을 추진하며, 공공 부문의 신원 발급 및 검증을 블록체인 기반으로 전환하려는 시도가 진행 중이다.

물론 모든 변화에는 양면성이 존재한다. 중앙에 집중된 신원 관리 체계는 효율성을 명분으로 감시와 통제의 수단으로 변질될 위험을 안고 있다. 반면 분산 아이덴티티 모델은 프라이버시 보호와 투명성, 자율성과 안전성 사이에서 새로운 균형이 필요하다. 바로 이 부분에서 웹 4.0의 신원 문제는 시민권과 사회 질서를 재편하는 문제로 격상된다.

따라서 웹 4.0 시대를 이해하려면 신원 관리라는 주제를 결코 비껴갈 수 없다. 금융 거래, 온라인 계약, 의료 데이터 이동, 행정 서비스 이용까지 모든 것은 신원 증명에서 출발하기 때문이다.

내 신원은 내가 증명한다

　신원은 데이터 권력의 출발점이자 시민 권리의 핵심이다. 여기서 기술적 해법으로 등장한 개념이 바로 분산 신원 증명(DID)이다. DID는 국가나 플랫폼이 신분을 '부여'하는 방식이 아니다. 개인이 직접 자신의 증명서를 디지털 지갑에 보관하고 필요할 때만 선택적으로 꺼내 보여주는 구조다. 블록체인은 이 증명서가 위조되지 않았음을 보증하는 역할을 한다. 결국 '내 신원은 내가 증명한다'라는 질서를 현실에서 구현하려는 시도다.

　작동 원리는 생각보다 단순하다. 신원 데이터 자체를 블록체인에 올리지 않고, 그 데이터를 가리키는 지문과 같은 식별자만 기록한다. 실제 정보는 개인의 디지털 지갑 속에 안전하게 보관되고, 상대방은 블록체인의 식별자와 대조해 진위를 확인한다. 이렇게 하면 정보가 중앙 서버 대신 분산된 형태로 운영되어 데이터 위변조가 사실상 불가능하다. 다시 말해, 개인이 데이터 통제권을 가지면서도 신뢰성을 잃지 않는 구조가 만들어진다.

　특히 DID가 보여주는 가장 큰 혁신은 '필요한 만큼만 공개한다'는 점이다. 예를 들면, 술집에 들어가며 필요한 정보는 주민등록번호 전체가 아니라 '성인 여부'라는 사실 하나다. DID는 영지식 증명(Zero-Knowledge Proof, ZKP) 기술을 활용해 불필요한 개인정보 노출 없이도 서비스 접근을 보장한다. 이는 프라이버시와 편의성을 동시에 확보하는 새로운 방식이다.

이 구조는 국경을 넘어선 신뢰 확장에서도 위력을 발휘한다. 지금까지는 국가마다 신분증 체계가 달라 국제 금융, 취업, 체류 과정에서 인증 절차가 복잡했다. 그러나 DID는 블록체인이라는 공통 인프라 위에서 작동하기 때문에 호환성과 확장성이 뛰어나다. 글로벌 거래와 인력 이동에서 DID가 차세대 표준으로 주목받는 이유가 여기에 있다.

최근 업계의 관심이 스테이블코인이나 실물자산 토큰화 등 디지털 자산 쪽으로 쏠리면서 DID는 다소 뒷전으로 밀려난 듯 보인다. 그러나 웹 4.0의 관점에서 보면, 신원은 여전히 모든 데이터 질서의 출발점이다. 관심이 줄었다고 중요성이 줄어든 것은 아니며, 오히려 지금이 다시 조명해야 할 시점이다.

AI가 사회 전반을 뒤흔드는 지금, DID의 가치는 더 커지고 있다. AI가 만든 결과물과 인간의 데이터를 어떻게 구분할 것인가, 가짜 뉴스와 딥페이크의 범람을 어떻게 막을 것인가. 이 질문의 답은 신원과 진위 확인에 있다.

DID는 단순한 인증 기술이 아니라 AI 사회의 진실성을 지탱하는 신뢰 인프라이다. 따라서 '내 신원은 내가 증명한다'라는 말은 개인의 권리 선언이자, 웹 4.0 시대의 민주적 데이터 질서를 여는 사회적 약속이 된다.

신원의 힘, 산업에서 사회로 확장되다

　DID의 잠재력은 추상적 구호가 아니라 이미 산업 현장에서 구체적으로 시험되고 있다. 그 첫 무대는 금융이다. 기존의 KYC(Know Your Customer, 고객 확인 제도) 절차에서는 고객이 계좌를 열 때마다 신분증과 서류를 반복 제출해야 했고, 금융기관은 이를 관리하느라 높은 비용을 부담했다. DID가 도입되면 한 번의 인증으로 여러 기관에서 동일한 신뢰를 확보할 수 있다. 한국과 일본에서 진행된 파일럿 프로젝트와 실증 사업은 DID가 금융권에서 이미 현실적 대안으로 검토되고 있음을 보여준다.

　특히 한국은 신용정보법과 개인정보 보호법의 개정을 통해 마이데이터(MyData) 사업의 제도적 틀을 완성했다. 의료나 유통 부문 등은 업권별 법령 정비와 데이터 표준화 문제로 확산까지는 다소 시간이 필요하지만, 금융 부문은 2021년부터 이미 적극적인 운영 단계에 진입했다. 이 제도화를 통해 데이터 주체인 개인의 이동권이 보장되기 시작했다.

　여기에 DID가 결합하면 개인은 업종의 경계를 넘어 데이터 접근 권한을 직접 확보하고, 필요한 순간에만 선택적으로 공유할 수 있게 된다. 다시 말해, 마이데이터가 간단한 '데이터 활용 서비스'를 넘어 진정한 데이터 주권 모델로 발전하기 위해서는 DID가 필수적이다.

　의료 분야에서도 변화는 뚜렷하다. 환자는 자신의 의료 데이터를 디지털 지갑에 보관하고, 필요할 때 원하는 병원에만 선택적으로 제공할 수 있다. 이 방식은 개인정보의 유출 위험은 줄이면서 진료의 연속성을 한층 강화한다. 유럽의 가이아X(Gaia-X) 프로젝트는 DID 기반의 의료 데이터 교환을 시험하며 국가 간 협력 모델을 모색하고 있다. 이것이 실현되면 환자가 국경을 넘어 이동하더라도 의료 기록이 함께 이동할 수 있게 된다.

교육 영역에서도 DID는 새로운 가능성을 보여준다. 학위와 자격증을 블록체인 기반으로 발급하면 위조 가능성을 차단할 수 있을 뿐 아니라 채용 과정의 검증 절차도 크게 단축된다. 예컨대 MIT가 발행한 디지털 졸업장은 학생들이 국경을 넘어 학력을 즉시 증명할 수 있도록 설계되었다. 이는 DID가 글로벌 인재 이동성을 촉진하는 유력한 도구가 될 수 있음을 잘 보여준다.

행정 분야도 예외가 아니다. 전자주민증과 전자여권에 DID를 결합하면 국경 이동과 온라인 행정 서비스가 대폭 단순화된다. 에스토니아의 전자시민권은 외국인에게도 법인 설립과 은행 계좌 개설을 허용하며, 작은 국가가 신원 시스템 혁신을 통해 경제적 범위를 확장할 수 있음을 입증했다. 한국 역시 모바일 신분증과 연계된 DID 실증사업을 꾸준히 이어가며 행정 혁신 가능성을 시험하고 있다.

금융, 의료, 교육, 행정으로 확산하는 DID는 이제 특정 산업의 과제가 아니라 사회 전체의 질서를 다시 짜는 변화가 되고 있다. 이것으로 기업은 절차를 단순화하면서 신뢰를 얻고, 개인은 프라이버시와 편의를 동시에 확보할 수 있다.

가려야 할 것과 보여줘야 할 것

DID는 단순한 인증 기술이 아니라 프라이버시와 효율 사이에서 사회가 어디에 무게를 두는지를 보여주는 척도다. 따라서 DID가 산업과 사회 전반으로 확산할수록 프라이버시를 어디까지 지키고, 효율을 어디까지 허용할 것인가의 문제가 대두된다.

DID가 지향하는 핵심은 '필요한 만큼만 드러내기'다. 그러나 현실의 서비스 환경에서는 언제나 프라이버시와 효율 사이에 긴장이 존재한다. 너무 많은 정보를 요구하면 권리가 침해되고, 반대로 과도하게 숨기면 기업은 리스크를 감당하기 어렵다. 이 경계가 제대로 설정되어야만 DID가 사회적으로 정착될 수 있다. 금융권이 고객 편의성과 자금 세탁 방지를 동시에 충족해야 하는 상황은 이러한 딜레마를 단적으로 보여준다.

이 문제를 해결하려는 기술적 접근이 차등 프라이버시(Differential Privacy)와 영지식 증명이다. 차등 프라이버시는 개인 정보를 직접 드러내지 않고도 통계적 분석이 가능하도록 '노이즈'를 섞는 방식이다. 특정 사용자의 데이터는 보호하면서도 기업은 전체적인 패턴을 정확히 읽어낼 수 있다. 기업으로서는 인사이트를 확보하고 개인으로서는 프라이버시가 보장된다

반면 영지식 증명은 사실은 입증하되 근거는 공개하지 않는 방식이다. 예를 들면, 사용자는 '성인이다'라는 사실만 증명하고 실제 생년월일은 숨길 수 있다. 필요한 부분만 검증이 가능하면서도 민감한

정보는 노출되지 않는 방식이다. 이미 일부 유럽의 핀테크 기업들은 결제 인증 과정에서 이를 시험 적용하며 실용성을 탐색하고 있다.

그러나 기술만으로는 균형을 완성할 수 없다. 기업은 마케팅과 데이터 사업을 위해 더 많은 정보를 원하고, 정부는 치안과 안보를 명분으로 통제 권한을 확대하려 한다. 이런 환경에서 개인의 권리는 쉽게 뒤로 밀릴 수밖에 없다. 따라서 DID가 성공하려면 기술적 해법을 넘어 이해관계 조정과 사회적 합의가 함께 마련되어야 한다.

국가별 접근 방식도 다르다. 유럽은 일반 개인정보 보호법(General Data Protection Regulation, GDPR)을 통해 '최소 수집 원칙'을 엄격히 적용하며, 개인 권리를 제도적으로 보장해왔다. 미국은 민간 주도의 자율 규제를 중시하며 혁신을 우선시한다. 한국은 금융과 통신을 중심으로 시범 사업을 이어가며 두 모델 사이의 절충을 모색 중이다.

DID, 자유인가 또다른 굴레인가

프라이버시와 효율 사이의 균형을 찾는 문제가 DID의 첫 시험대라면, 이보다 더 근본적인 과제는 권력의 집중을 어떻게 막을 것인가이다. DID는 개인에게 신원 주권을 돌려준다고 약속하지만, 동시에 독점의 위험성도 있다. 초기 DID 네트워크를 설계하고 발급 권한을 확보한 소수의 기업이나 컨소시엄이 시장 주도권을 장악한다면, 구조는 다시 중앙 집중으로 회귀할 수 있다. 겉으로는 '분산'이라는 이름을 달고 있지만 실제로는 권력 집중이 재현되는 셈이다. 새로운 기술이 언제나 또다른 권력 형태를 만들어왔다는 역사적 경험은 이 경고를 뒷받침한다.

클라우드 산업이 전형적인 사례다. 분산 컴퓨팅이라는 이상을 내걸었지만, 오늘날 글로벌 시장은 몇몇 거대 기업이 인프라를 과점하고 있다. 데이터가 흩어져 있는 듯 보이지만 인프라의 통제권은 결국 소수 기업에 집중되었다. DID 역시 같은 길을 걷는다면 개인 주권은 기술 언어 속에만 남고 현실에서는 무력화될 가능성이 있다.

국가 차원에서도 위험은 존재한다. 신원 시스템을 통제하는 국가는 개인의 금융 활동, 행정 기록, 이동 경로까지 정밀하게 추적할 수 있다. 이는 행정 효율을 높일 수 있지만 동시에 개인의 자유를 제약할 가능성도 크다. 민주적 거버넌스 없이 운영되는 DID는 개인 주권을 강화하기는커녕 국가 권력이 생활 전반에 더 깊숙이 스며드는 도구로 변질될 수 있다.

결국 DID의 미래는 제도와 협력 구조에 의해 좌우된다. 발급과 검증 권한을 어떻게 분산할지, 운영 책임을 누구에게 맡길지, 국제적으로 어떤 호환성을 확보할지가 핵심이다. 투명한 거버넌스 없이는 분산이라는 이름은 껍데기에 불과하다. DID는 개인 주권 회복의 도구이면서 동시에 새로운 권력 구조를 낳을 수 있는 양날의 검이다. 이 양면성을 직시하는 태도야말로 웹 4.0 시대가 반드시 기억해야 할 부분이다.

데이터 권리와 사회적 신뢰

2

웹 4.0 시대의 개인정보 보호는 단지 해킹을 막는 기술적 과제에 머물지 않는다. 데이터는 개인의 정체성과 권리를 담는 동시에 경제적 자산으로 기능한다. 따라서 이를 어떻게 수집하고 보관하며 활용할 것인가를 규정하는 원칙은 사회적 합의의 중심에 놓이게 된다.

데이터는 이미 기업 경쟁력의 원천이자 사회적 자산이 되었다. 플랫폼 기업들은 이용자의 행동과 선호를 분석해 맞춤형 서비스를 제공하며 막대한 수익을 창출해왔다.

그러나 활용이 불투명해지는 순간, 소비자 신뢰는 순식간에 무너진다. 그렇다고 활용을 지나치게 제한하면 산업은 정체되고, 방임하면 불신이 폭발한다. 데이터 경제의 미래는 이 문제를 얼마나 성숙하게 다루는가에 달려 있다.

데이터 보호의 새로운 전제

최근 국내에서도 통신사와 금융기관을 비롯한 여러 기관에서 대규모 개인정보 유출 사고가 잇따랐다. 이 사건들은 정보 보호가 보안 차원의 문제를 넘어 삶과 직결된 권리의 문제임을 보여준다. 이제 정보 보호는 선택이 아니라 디지털 사회가 작동하기 위한 전제 조건이 되었다.

이 흐름은 글로벌 규제에서도 확인된다. 유럽연합은 GDPR을 통해 '수집 최소화, 목적 제한, 잊힐 권리'를 제도화했다. 한국 역시 개인정보 보호법 개정을 통해 금융과 통신 분야에서 엄격한 규정을 적용하고 있다. 미국은 연방 차원의 통일 법은 없지만, 캘리포니아 소비자 프라이버시법(CCPA)이 사실상의 표준으로 자리 잡았다. 제도의 형태는 다르지만 '개인의 데이터 권리 강화'라는 지향점은 동일하다.

기업에도 변화는 불가피하다. 과거에는 데이터를 많이 모을수록 경쟁력이 커진다고 여겼지만, 지금은 불필요한 데이터가 오히려 위험을 낳는다. 실제로 2022~23년, 구글과 메타는 GDPR 위반으로 수천억 원대 과징금을 부과받았다. 데이터 유출이나 규제 위반은 이제 기업의 지속 가능성을 결정하는 생존 조건이 되었다.

개인에게도 보호는 새로운 권리 의식과 직결된다. 스마트폰 하나로 금융, 의료, 교육을 처리하는 시대에 데이터는 곧 자기 자신을 대변하는 정체성의 기록이다. 따라서 데이터 보호는 웹 4.0을 지탱하는 기본 질서다. 이 기반이 무너지면 AI도, 블록체인도 신뢰를 잃는다.

기술 발전이 곧바로 프라이버시 침해로 이어지는 순간, 혁신은 사회적 저항에 부딪힘을 기억해야 한다. 따라서 데이터 보호는 성장을 막는 규제가 아니라 지속 가능한 혁신을 위한 필요조건이다.

활용과 투명성, 풀기 어려운 긴장

데이터 활용과 프라이버시 보호 사이의 긴장은 이제 웹 4.0 시대의 피할 수 없는 상수(常數)로 자리 잡았다.

이 긴장을 완화하는 첫 번째 방법은 기록을 남기는 일이다. 누가, 언제, 어떤 목적으로 데이터를 수집하고 활용했는지 개인이 직접 확인할 수 있어야 한다. 블록체인은 이러한 로그를 위변조 없이 저장할 수 있는 기술적 기반을 제공한다. 이용자는 자신의 데이터 흐름을 추적할 수 있고, 기업은 합법적 활용임을 증명할 수 있다.

그러나 단순한 기록 공개만으로는 불신을 해소할 수 없다. 사용 목적이 지나치게 포괄적이면 불안은 여전히 남는다. 예컨대 '서비스 개선'이라는 문구는 사실상 무제한 활용을 허용하는 면죄부가 될 수 있다. 진정한 투명성은 형식적인 공개가 아니라 구체적 설명과 분명한 책임이 수반될 때만 의미가 있다.

현재 산업계는 활용성과 투명성 사이에서 팽팽한 줄다리기를 이어가고 있다. 기업은 데이터를 폭넓게 사용할수록 새로운 기회를 잡을 수 있지만, 소비자는 최소한의 노출을 원한다. 이 간극이 좁혀지지 않으면 서비스 혁신은 언제든 사회적 저항에 부딪힐 수 있다. 2018년 페이스북-케임브리지 애널리티카의 개인정보 유출 사건은 불투명한 데이터 활용이 어떻게 단숨에 글로벌 기업의 신뢰를 무너뜨릴 수 있는지를 보여준 대표적 사례였다.

투명성은 피상적인 보고 의무가 아니다. 신뢰를 구축하기 위한 사회적 기술이며, 데이터를 둘러싼 공동체의 불안을 조율하는 방식이다. 균형을 잃은 기술은 발전이 아니라 불안을 낳는다. 활용과 투명성이 균형을 이룰 때, 웹 4.0 사회가 안정적으로 발전할 수 있다.

프라이버시를 지키는 새로운 기술들

프라이버시와 활용 사이의 긴장을 해소하기 위해 다양한 기술적 접근이 등장하고 있다. 소위 프라이버시 강화 기술(Privacy-Enhancing Technologies, PETs)이다. 대표적인 것이 앞서 이미 언급한 차등 프라이버시와 동형암호, 연합학습이다. 이들은 데이터를 직접 드러내지 않고도 그 속에서 가치를 추출할 수 있도록 설계되었다.

구글과 애플은 이미 차등 프라이버시를 사용자 데이터 수집에 적극적으로 적용하고 있다. 기업은 이를 통해 집단적 패턴을 파악할 수 있지만, 개별 사용자는 드러나지 않는다. 웹 4.0에서는 이러한 기술이 맞춤형 서비스와 개인정보 보호를 동시에 추구하는 현실적 절충점으로 자리 잡고 있다.

동형암호는 데이터를 암호화된 상태로 유지한 채 계산을 가능하게 한다. 예를 들어 은행이 고객 데이터를 암호화한 채 분석하면 원본은 외부에 노출되지 않는다. 이 방식은 의료, 금융처럼 민감한 산업에서 특히 유용하다. 미국의 일부 병원 연합은 환자 데이터를 암호화된 상태로 공동 연구에 활용하는 실험을 시작했다. 이는 개인정보 보호를 포기하지 않고도 데이터 협력과 혁신이 가능함을 보여준다.

연합학습은 데이터를 중앙 서버로 모으지 않고 각 기기에서 학습을 진행한 뒤 결과만 공유하는 방식이다. 구글은 이를 안드로이드 키보드(Gboard)의 예측 기능에 적용했다. 개별 사용자의 입력 기록은 외부로 나가지 않지만, 집단 지식은 모델 개선에 활용된다. 데이터가 흩어져 있으면서도 학습이 가능하다는 점에서, 웹 4.0 시대의 분산형 AI 모델을 예고하는 전조라 할 수 있다.

이처럼 PETs는 프라이버시와 활용 사이의 균형을 기술적으로 모색하는 도구다. 그러나 동시에 윤리적 과제도 뒤따른다. 알고리즘이 실제로 어떻게 작동하는지, 데이터가 정말로 보호되는지를 일반 사용자가 검증하기란 쉽지 않다. 결국 PETs의 확산은 기술만의 문제가 아니다. 사회적 신뢰와 제도적 검증 구조가 함께 마련될 때에야 비로소 그 기술은 의미 있는 변화를 만들어낼 수 있다.

데이터 거버넌스, 신뢰를 회복하는 길

PETs가 보호와 활용 사이의 긴장을 완화할 도구라면, 다음 과제는 이 도구들이 어떤 원칙과 제도 위에서 운영될 것인가이다. 데이터 보호와 활용을 둘러싼 논쟁은 결국 거버넌스 문제로 귀결된다. 아무리 정교한 기술과 규제가 도입되어도 운영 방식이 불투명하면 신뢰는 확보되지 않는다. 데이터 거버넌스란 개인, 기업, 정부가 각각 어떤 권리와 책임을 지는지를 규정하는 틀이며, 이는 웹 4.0 사회가 반드시 합의해야 할 핵심 의제다.

데이터 거버넌스에서 개인은 데이터 주권의 중심이 된다. 이용자는 자신의 데이터를 열람, 정정, 삭제할 권리를 가져야 하고, 데이터가 어떤 방식으로 활용되는지 알 권리도 보장되어야 한다. 이는 법적 권리를 넘어 디지털 사회의 시민권으로 확장되고 있다. 데이터는 단순한 기록이 아니라 개인의 정체성과 동일시되는 자산으로 인식되기 시작했기 때문이다.

기업에는 책임 있는 활용 원칙이 요구된다. 규제 준수만으로는 충분하지 않다. 데이터를 수익의 수단이 아니라 사회적 신뢰를 구축하는 기반으로 다뤄야 한다. '필요 최소한의 수집, 투명한 목적 고지, 명확한 보관 기간'은 이제 기본 규범이다. 실제로 일부 글로벌 기업은 자발적으로 데이터 윤리 헌장을 채택하며 투명성과 책임성을 브랜드 가치의 핵심 요소로 삼고 있다.

정부는 감독자이자 촉진자의 이중 역할을 맡는다. 규제가 과도하면 혁신을 위축시키고, 부족하면 남용을 방치할 위험이 있다. 따라서 정부는 개인의 권리를 보호하면서도 산업 발전을 지원하는 균형점을 설계해야 한다. 마이데이터 제도는 데이터 이동권 보장과 금융 혁신을 동시에 모색한 시도로, 웹 4.0 거버넌스의 초기 모델이라 평할 수 있다.

  데이터 거버넌스는 통제를 강화하는 장치가 아니라 신뢰를 회복하는 과정이다. 개인은 권리를 보장받고, 기업은 책임성을 확보하며, 정부는 균형을 설계할 때 비로소 지속 가능한 데이터 경제가 가능하다. 웹 4.0이 추구하는 방향 또한 이러한 거버넌스를 통해서만 완성될 수 있다.

윤리적 AI와 책임 있는 기술 활용

3

데이터 거버넌스가 신뢰의 문제라면, AI가 그 데이터를 어떻게 활용하느냐는 윤리의 시험대가 된다. 데이터가 사회적 합의 위에서 수집되고 관리되어야 한다면, AI는 그 합의를 존중하는 방식으로 작동해야 한다. 웹 4.0 시대의 AI는 단지 성능을 높이는 기술이 아니라 사회적 신뢰와 책임을 동시에 요구받는 제도적 존재이다. 이를 위해서는 결과를 설명할 수 있는 투명한 구조, 부작용을 최소화하는 책임 있는 기술 활용이 필수적이다. 윤리 없는 AI는 기술이 아니라 위협이다. 윤리를 내재화한 AI만이 신뢰를 얻고 웹 4.0의 지속가능한 동력으로 인정받을 수 있다.

AI와 데이터 윤리, 충돌의 현장

웹 4.0 시대의 AI는 방대한 데이터를 학습하며 발전하지만, 이 과정에서 권리 침해와 사회적 충돌이 빈번하게 드러난다.

2024년에 뉴욕타임스가 오픈AI와 마이크로소프트를 상대로 제기한 소송이 대표적 사례다. 언론사의 기사 데이터가 무단으로 학습에 활용되었다는 점이 쟁점이 되었고, 이 사건은 데이터가 단순한 연료가 아니라 보호받아야 할 권리이자 자산임을 다시금 각인시켰다.

합성 데이터 역시 논란을 불렀다. 부족한 데이터를 보완하기 위해 도입한 기술이지만, 잘못 설계되면 오히려 편향을 증폭시킨다. 실제로 2024년 미국의 한 연구에서는 합성 이미지를 학습한 AI가 특정 인종을 범죄와 자동 연관 짓는 오류를 반복하는 사례가 보고되었다.

정치 영역에서는 위험이 더 직접적이다. 유럽의회 선거를 앞두고 특정 후보자의 발언을 조작한 합성 음성이 대량으로 유포되었다. 이는 가짜 뉴스를 넘어 선거 제도의 정당성 자체를 위협한 사건이었다. 이는 민주주의 과정이 AI를 매개로 침해될 수 있음을 보여준 징후였다.

산업 현장에서도 문제는 드러난다. 보험사는 AI를 활용해 위험을 산출하지만, 데이터 편향 탓에 특정 지역 거주자나 저소득층이 불리한 조건을 반복적으로 적용 받는 사례가 확인되었다. 효율이라는 이름 아래 사회적 불평등이 구조화되는 상황이다.

이러한 논란과 사례는 하나의 공통점을 지닌다. AI가 데이터를 학습하고 활용하는 방식이 정당성과 투명성을 확보하지 못하면, 기술은 혁신의 도구가 아니라 사회적 갈등의 기폭제가 되고 만다는 점이다.

설명 가능한 AI의 필요성

AI 윤리 논란의 상당 부분은 '왜 이런 결과가 나왔는가'를 설명할 수 없다는 불투명성에서 비롯된다. 이 문제를 해소하려면 AI의 결정 과정을 인간이 이해할 수 있도록 드러내는 능력, 즉 설명 가능성이 필요하다. 블랙박스처럼 닫힌 모델은 아무리 정확해도 신뢰를 얻기 어렵고, 불신은 사회적 저항으로 이어진다.

금융권은 설명 가능성의 필요성을 가장 먼저 체감했다. 대출이 거절된 고객이 단순히 '점수가 낮다'는 말만 듣는다면 누구도 수긍하기 어렵다. 이에 국내 신용평가사들은 2023년부터 설명할 수 있는 AI(Explainable AI, XAI) 실증 사업을 추진하며, 신용 점수에 영향을 미친 주요 변수들을 투명하게 공개하기 시작했다. 이것은 금융 소비자의 권리를 강화하는 동시에 금융사에 대한 신뢰를 높이는 장치로 작동한다.

의료 현장도 마찬가지다. AI가 암 발병 가능성을 정밀하게 예측하더라도, 의사와 환자는 그 판단의 근거를 반드시 확인해야 한다. 유럽의 일부 병원은 진단 과정에서 AI가 분석한 특징을 리포트로 제공하는 시스템을 도입했고, 환자는 그 근거를 확인한 뒤에야 진단 결과를 신뢰할 수 있었다.

국제 사회 역시 발 빠르게 제도화를 추진 중이다. 2024년 유럽연합은 AI 법을 통과시키며 고위험 AI에 관한 설명 가능성과 투명성을 의무화했다. 같은 해 미국의 국립표준기술연구소(NIST)는 '신뢰할 수 있는 AI 프레임워크'를 발표하며 해석 가능성을 핵심 원칙으로 명시했다. 한국도 2024년 12월 'AI 기본법'(정식 명칭: 인공지능 발전과 신뢰 기반 조성 등에 관한 기본법)을 국회 본회의에서 통과시켰고 2026년 1월 시행을 앞두고 있다.

설명 가능한 AI는 더이상 선택의 문제가 아니다. 이것은 기술의 편의를 넘어 권리 보장의 문제, 신뢰 인프라의 최소 조건이다. AI가 내놓는 답을 사람들이 받아들이려면 정답보다 중요한 것은 근거다.

책임 있는 기술 활용 모델

AI는 한 기업이 혼자 만들어내는 결과물이 아니다. 데이터를 수집하고, 모델을 학습시키며, 서비스를 운영하기까지의 긴 과정에는 수많은 주체가 얽혀 있다. 따라서 책임 역시 어느 한 곳에만 머무르지 않고, 각 단계에서 서로 다른 방식과 무게로 작동한다. 바로 이 책임의 연쇄를 어떻게 설계하느냐가 윤리적 AI 활용의 출발점이 된다.

첫째, 데이터 수집 단계에서는 동의와 편향이 핵심 과제다. 동의 없는 데이터 활용이나 과도하게 수집된 정보는 결과를 왜곡시킬 수 있다. 2024년 금융위원회의 D-테스트베드에서 기업들은 익명 또는 가명으로 처리된 금융, 비금융 데이터를 활용해 핀테크 아이디어를 시험했는데, 이때 명확한 활용 범위 지정과 사전 동의 확보가 참여의 기본 조건으로 작동했다.

최근 주목받는 데이터 신탁(data trust)은 이러한 문제를 해결하기 위한 새로운 실험이다. 이것은 마치 은행에 돈을 맡기듯 데이터를 제삼자에게 위임해 안전하게 관리하고 활용 범위를 투명하게 정하려는 시도다. 다만 현재는 개념적, 실험적 단계에 머물러 있으며, 제도화와 시장 적용을 위해선 사회적 합의와 거버넌스 설계가 더 필요하다.

둘째, 모델 학습 단계에서는 공정성과 검증이 중심 과제로 떠오른다. 특정 집단에 불리한 결과가 반복된다면 이것은 단순한 기술적 오류가 아니라 불평등을 강화하는 장치로 변질될 수 있다. 이 때문에 글로벌 기업들은 주기적으로 AI 윤리 감사(AI Audit)를 시행하며 학습 데이터의 편향 여부와 결과의 왜곡 가능성을 점검하려 한다. 하지만 이 역시 국제적 기준이 완성된 것은 아니어서, 업계 자율적 시도와 제도적 기준 마련이 병행되어야 한다. 이제는 성능 지표 못지않게 윤리 지표가 중요하다는 인식이 확산하고 있다.

셋째, 활용 단계에서는 기업과 이용자의 공동 책임이 강조된다. 기업은 AI의 출력을 절대적 결론으로 받아들여서는 안 되며, 이용자는 이를 참고 정보로만 이해해야 한다. 실제로 금융권에서는 로보어드바이저의 투자 권고를 절대적 기준이 아닌 조언으로만 인식하도록 안내하고 있다. 이러한 공동 책임 구조는 기술의 신뢰성을 높이는 동시에, 인간과 AI가 함께 의사결정을 조율하는 새로운 균형을 보여준다.

마지막으로, 책임 있는 AI 활용은 기업 전략의 필수 조건이 되고 있다. ESG가 기업의 생존 기준이 되었듯, AI 윤리 역시 지속 가능성을 결정하는 핵심 요소로 자리 잡았다. 실제로 글로벌 기업들은 제품 출시 전 윤리 검토 절차를 도입하고 내부 위원회를 운영하면서 책임을 제도화하고 있다. 제도와 문화가 함께 뒷받침되지 않는다면 기술은 결국 사회적 저항에 부딪히며 신뢰를 잃게 된다.

산업 현장과 윤리 생태계: 실험에서 합의로

금융권은 신용평가의 공정성을 확보하기 위해 독립 감사 체계를 운영하고, 의료 분야는 동형암호와 연합학습을 도입해 민감 데이터 보호와 공동 연구 사이의 균형을 모색하고 있다. AI 면접의 편향 문제에 대응해 사람의 최종 판단을 강화하거나, 소매 유통에서 실시간 동의 절차를 강화해 투명성을 높이려는 시도도 이와 맥을 같이 한다. 각 산업의 대응은 조금씩 다르지만 신뢰를 구축하려는 사회적 실험인 점에서는 동일하다.

그러나 이러한 노력이 개별 산업의 자율적 대응에만 머물러서는 안 된다. 기술은 국경을 넘고 전 세계 시장은 실시간으로 연결되어 있기 때문에, 윤리 기준 역시 개별 산업이나 국가를 넘어선 보편적 합의가 필요하다.

OECD와 유네스코의 AI 윤리 가이드라인, 유럽연합의 AI 법은 인권과 공정성, 설명 가능성을 원칙으로 내세우며 국제 협력의 방향을 제시하고 있다. 동시에 글로벌 기업들은 자체 윤리 위원회를 통해 검증 절차를 강화하고, 국내 기업들 역시 AI 거버넌스 체계를 마련하며 대응에 나서고 있다. 이 과정에서 소비자의 집단적 행동이 새로운 압력으로 작용하면서 기업은 윤리적 책임을 외면할 수 없는 구조로 이동하고 있다.

따라서 산업 현장의 실험, 사회적 합의, 국제 협력이 서로 맞물릴 때 비로소 책임 있는 기술 생태계가 완성된다. 우리가 마주한 새로운 시대의 가능성은 실험과 합의가 교차하는 지점에서 현실이 된다.

웹 4.0이 열어갈 미래

3부

혁신에서 제도로,
웹 4.0의 시험대

6장

우리는 지금 디지털경제의 완성형 청사진을 그려야 할 시점에 서 있다. 그 중심에는 웹 4.0의 혈액이자 가장 격렬한 논쟁 대상인 스테이블코인이 있으며, 이는 자연스럽게 글로벌 제도 경쟁으로 확장된다. 미국은 지니어스 법을 통해 민간 주도의 길을 열고, 유럽은 규범 중심의 접근으로 신뢰를 다지며, 아시아는 통제와 개방 사이에서 각자의 균형을 모색 중이다. 이제 막 출발선에 선 한국도 예외는 아니다. 우리의 선택은 웹 4.0의 미래를 좌우할 중요한 분기점이 된다.

웹 4.0의 설계도

1

디지털경제란 말 그대로 경제의 생태계가 디지털 인프라 위에서 작동하는 구조적 전환을 뜻한다. 단순히 온라인 쇼핑이나 전자상거래가 늘어나는 차원이 아니다. 디지털경제가 진화함에 따라 생산, 유통, 금융, 소비의 전 과정이 데이터와 네트워크를 매개로 흐르고 있다. 20세기 산업경제가 공장과 전력망 위에서 굴러갔다면, 21세기 경제는 디지털 인프라라는 새로운 토대 위에서 움직이고 있다.

완성형 디지털경제의 청사진

디지털경제를 움직이는 핵심 축은 세 가지다. 바로 데이터, 네트워크, 그리고 프로그래머블(Programmable) 구조다. 데이터는 거래와 의사결정의 원재료이고, 네트워크는 산업과 국경을 뛰어넘는 연결성을 제공한다. 여기에 코드로 규칙을 만드는 프로그래머블 구조가 더해지면 계약과 규칙이 코드 속에 내장되어, 사람의 개입 없이도 자동으로 실행되는 시스템이 완성된다. 이 세 가지가 맞물리며 경제는 한층 자율적이고 실시간으로 반응하는 유기체로 진화하게 된다.

무엇보다 금융은 디지털경제 구조의 중심에서 가장 가깝다. 우리가 사용하는 디지털 금융 서비스, 일상 속 지급결제 그리고 거래 안정성을 책임지는 스테이블코인까지, 모두 금융이라는 축 위에서 작동한다. 금융이 안정적인 교환과 가치 저장을 뒷받침하지 못하면 디지털경제는 공허한 구호일 뿐이다.

이와 맞물려 등장한 것이 토큰화된 결제 수단(tokenized payment)이다. 과거에는 해외 송금이나 기업 간 거래가 며칠씩 걸렸지만 이제는 몇 초 만에 끝난다. 더 놀라운 변화는 중개 수수료가 획기적으로 줄었다는 점이다. 속도와 비용이라는 두 가지 난제를 동시에 해결하면서 거래 효율성은 새로운 단계로 도약하고 있다.

그래서 스테이블코인을 디지털경제의 혈액이라 불러도 과언이 아니다. 가격 변동이 심한 다른 암호자산과 달리 가치를 고정해 안정적인 교환 수단을 제공할 뿐 아니라, 동시에 DeFi(Decentralized Finance,

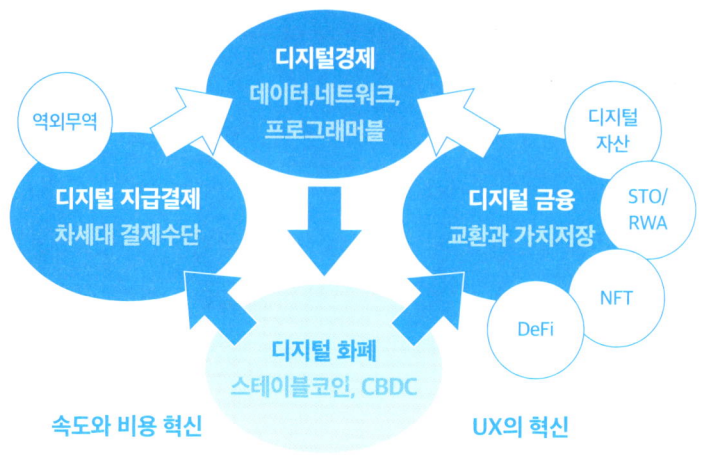

디지털경제와 핵심요소

탈중앙화 금융), NFT(Non-Fungible Token, 대체 불가능 토큰), STO(Security Token Offering, 토큰 증권) 같은 다양한 디지털 자산 영역을 하나로 묶는 접착제 역할을 한다. 안정성과 확장성을 함께 품은 덕분에, 스테이블코인은 디지털경제가 실질적으로 작동할 수 있는 핵심 토대가 된다.

따라서 웹 4.0 기술이 이끄는 디지털경제의 완성은 새로운 경제적 등식 위에서 이루어진다. 데이터는 곧 가치가 되고, 네트워크는 시장이 되며, 프로그래머블 구조는 제도처럼 작동해야 한다. 보조 도구로 여겨지던 디지털이 이제는 경제 질서를 직접 규정하는 본체로 부상하고 있다. 다만, 기술 혁신, 사회적 합의, 금융 인프라의 진화가 서로 맞물릴 때만 우리는 완성된 디지털경제의 새로운 질서를 목격할 수 있다.

실험에서 제도를 기다리는 디지털 자산

앞서 그린 디지털경제의 청사진이 아직 현실로 다가오지 못한 이유는 무엇일까. 웹 3.0 시기에 등장한 디지털 자산은 화려했지만 동시에 불안정했다. NFT는 미술품 시장을 뒤흔들었고, 가상자산은 대체투자의 상징처럼 주목받았으며, 토큰증권도 뜨거운 논의의 대상이 되었다. 그러나 곧 투기성 거품과 취약한 시장 구조가 드러났다. 투자자 보호 장치도, 신뢰할 만한 기술 인프라도 부족했다. 가능성은 컸지만 제도권으로 편입되기에는 아직 미숙한 단계였다.

웹 4.0에서는 상황이 달라진다.

변화를 이끈 결정적 동인은 생성형 AI다. 예를 들어, 음악가가 NFT를 발행한다고 가정해보자. AI는 곡의 저작권을 자동으로 검증하고, 로열티 분배 규칙을 코드로 작성한다. 창작자는 팬과 직접 계약을 맺고, 수익 배분은 실시간으로 자동 실행된다. 웹 3.0의 NFT가 단순히 그림을 사고파는 토큰이었다면, 웹 4.0의 NFT는 AI와 결합된 권리 관리와 거래 시스템으로 기능한다.

토큰증권의 성숙 역시 기술 발전 덕분이다. 웹 3.0에서 부동산이나 채권을 토큰화하자는 아이디어가 있었지만, 거래 속도와 보안 한계

때문에 실현이 어려웠다. 그러나 레이어2와 모듈러 체인 같은 블록체인 확장 기술이 이 벽을 허물었다. 초당 수천 건의 거래가 안정적으로 처리되면서, 이제는 부동산 지분이나 미술품까지 안전하게 토큰화할 수 있게 되었다.

더 나아가 AI가 투자자의 위험 성향을 분석하고, 사기 거래를 실시간으로 감지하면서 증권사들은 안심하고 토큰화를 도입할 수 있게 되었다. 그 결과, 과거 대형 자본만 접근할 수 있었던 자산들이 소액 투자자에게도 열리기 시작했다.

RWA(Real World Asset, 실물자산) 역시 새로운 가능성을 제시한다. 예컨대 태양광 발전소가 생산하는 전력 판매권을 토큰화하면 개인도 에너지 산업에 소액으로 투자할 수 있다. 스마트 계약이 발전량에 따라 자동으로 수익을 분배하고, AI는 날씨 데이터를 학습해 리스크를 사전에 경고한다. 유럽과 동남아시아 일부 지역에서는 이미 이러한 방식으로 신재생에너지 프로젝트에 소액 투자자를 유치하고 있다.

돌이켜보면 웹 3.0의 디지털 자산은 '디지털도 자산이 될 수 있다'라는 가능성을 보여준 일종의 예고편에 불과했다. 그러나 이것은 불안정하고 파편화된 가능성이었다.

웹 4.0에서는 생성형 AI와 블록체인의 동반 진화가 디지털 자산을 실험적 이벤트에서 생활 속 제도로 끌어올리고 있다. 투기의 대상이던 자산이 제도권의 도구로 변모하는 순간, 디지털경제는 비로소 한 단계 성숙한 질서로 나아가게 된다.

글로벌과 로컬의 공존, 토큰증권이 펼치는 생활 자산

디지털경제는 묘하다. 눈을 들면 국경을 넘는 초연결의 세계가 펼쳐지고, 고개를 숙이면 작은 마을의 농장과 시장이 보인다. 거대한 글로벌 네트워크와 따뜻한 로컬 자산이 동시에 움직이며 서로의 빈 곳을 채워주는 풍경이다. 토큰증권은 바로 이 두 세계를 이어주는 다리가 될 수 있다.

농촌을 예로 들어보자. 딸기 체험 농장이 토큰 단위로 분할되어 투자된다면 소비자는 지나가는 손님이 아니라 성과를 공유하는 주주가 된다. 투자자는 현금 수익을 올릴 수도 있고, 체험 활동으로 보상을 받을 수도 있다. 이로써 농부는 안정적인 자금을 확보하고, 도시는 시골과 더 가까워진다. 디지털 기술이 도시와 농촌을 새롭게 연결하는 셈이다.

축산이나 수산업에서도 가능성은 같다. 한우 농장이나 참치 양식장이 토큰화되면 외국인 투자자도 참여할 수 있고, 자신이 투자한 현장을 직접 방문하는 특별한 경험을 얻을 수도 있다. 한국인 투자자가 노르웨이 연어 양식장의 일부를 소유하게 될 수도 있다. 투자는 단순한 금융 행위가 아닌 참여와 교류의 경험으로 변모한다.

문화 콘텐츠 분야에서는 변화가 더 극적이다. K-POP은 한국에서 출발했지만 이제는 전 세계 팬덤이 함께 키우는 글로벌 자산으로 성장했다. 최근 넷플릭스의 〈케이팝 데몬 헌터스〉처럼 한국적 색채와 글로벌 판타지가 결합해 새로운 시장을 만들기도 한다. 만약 흥행 수익이 토큰증권 형태로 발행된다면 팬은 평범한 관객이 아니라 공동 투자자가 된다. 좋아하는 아티스트의 성공이 응원과 물질적 보상으로 이어질 때, 팬덤의 열기는 문화 산업의 동력이 된다.

미술품과 부동산도 예외가 아니다. 서울의 미술관에 걸린 작품이 조각 투자 형태로 전 세계에 판매된다면, 파리의 투자자는 그 작품을 소유한 이유로 한국을 찾게 된다. 강남의 빌딩이 토큰화되어 소액 투자로 거래된다면, 해외 투자자가 그 건물의 공동 소유자가 될 수 있다. 지역 자산이 글로벌 자산으로 격상되는 순간이다.

이와 같이 디지털경제는 글로벌과 로컬을 자연스럽게 융합한다. 로컬은 고유한 색채와 실물 자산을, 글로벌은 자본과 시장을 제공한다. 이 둘이 맞물릴 때, 작은 자산은 세계와 연결되고, 세계의 흐름은 지역 경제를 성장시킨다. 이것은 단순한 가능성이 아니라 디지털경제가 열어가는 필연적 모습이다. 기술은 준비되었고, 상상은 이미 현실화하기 시작했다. 이제 남은 과제는 이것을 제도와 사회의 틀 안에서 어떻게 구현하느냐이다.

넘어야 할 문턱

지금까지 그려온 디지털경제의 청사진은 매혹적이다. 하지만 이 그림이 현실이 되려면 반드시 넘어야 할 문턱이 있다. 기술만으로는 움직이지 않는다. 제도와 플랫폼의 구조, 그리고 이것을 지탱할 신뢰가 함께 마련되어야 한다.

먼저 언급할 것은 '국경 간 거래의 법적 문제'다. 한국 투자자가 유럽의 신재생에너지 STO에 참여하거나, 해외 팬이 한국 아이돌의 공연 수익을 토큰으로 구매한다고 가정해보자. 어느 나라의 법이 적용되고, 과세 기준은 어떻게 정리될까. 투자자 보호와 분쟁 해결 절차가 명확하지 않으면 기대와 상상은 곧 불안과 리스크로 바뀔 수 있다. 가능성을 현실로 만들기 위해서는 국경을 넘어서는 규범의 설계가 반드시 뒤따라야 한다.

두 번째 문턱은 '플랫폼의 구조'다. 토큰의 발행과 거래가 소수의 플랫폼에 집중되면 새로운 독점이 생기고, 반대로 지나치게 분산되면 신뢰 확보와 투자자 보호가 어렵다. 균형 잡힌 플랫폼 설계 없이는 디지털경제가 안정적으로 뿌리내리기 힘들다.

그리고 세 번째 가장 큰 과제는 역시 '제도의 대응력'이다. 기술은 하루가 다르게 발전하지만, 제도는 변화의 속도와 방향을 따라가지 못한다. 어떤 국가는 느슨한 가이드라인을 두고 실험을 허용하는 반면 다른 국가는 법제화를 기다리며 발걸음을 늦춘다. 한국도 예외는 아니다. 몇 년 전부터 토큰증권의 방향성은 제시되어 왔지만, 본격적인 제도화는 여전히 지연되고 있다. 규제가 성급하면 혁신이 위축되고, 늦춰지면 불법과 사기가 판칠 위험이 커진다. 여기서 중요한 것은 속도뿐 아니라 기술과 제도가 얼마나 정교하게 호흡을 맞추는가이다.

국경과 플랫폼 그리고 제도의 대응력이 서로 얽히며 디지털경제의 앞길에는 여러 겹의 문턱이 놓여 있다. 그러나 이 난제들을 어떻게 넘을 것인가. 이에 따라 디지털경제는 또 하나의 거품으로 사라질 수도, 혹은 새로운 질서로 정착할 수도 있을 것이다.

스테이블코인의
뜨거운 감자들

2

 웹 4.0 시대에 화폐는 더이상 국가만의 전유물이 아니다. 우리는 기술이 만들어낸 새로운 질서를 외면하기보다 제도권 안에서 준비하고 육성해야 한다. 통화량을 둘러싼 논쟁은 필요하겠지만, 이것이 멈춰야 할 이유가 되지는 않는다.

 중앙은행만이 디지털 시대의 유일한 군주일 수는 없다. 투명한 규율과 공정한 감독 아래, 민간과 공공이 함께 설계하는 새로운 화폐 질서야말로 다음 시대의 기준이 될 것이다.

 그리고 이 질서의 중심에는 스테이블코인이 있다. 디지털경제의 혈액이라 불리는 스테이블코인을 어떻게 제도화할 것인가, 그리고 한국의 원화는 디지털 국제 질서 속에서 어떤 위치를 점할 것인가. 이제 우리는 이 질문을 따라, 글로벌 무대에서 전개되는 제도 경쟁의 현장을 하나씩 살펴보고자 한다.

시뇨리지, 통화량, 통화 질서

시뇨르(seignior, 유럽 중세 시대의 군주)에서 유래된 시뇨리지(seigniorage)라는 말이 있다. 중세 유럽의 군주들은 은화나 금화를 주조하면서 금속의 실제 원가보다 높은 액면가를 새겨넣었다. 이때 주조 비용과 액면가의 차이는 고스란히 군주의 몫이었다. 즉 아무것도 생산하지 않고 화폐를 발행하는 것만으로 생겨나는 이익, 이것이 바로 시뇨리지다. 이것은 권력을 가진 자만이 누릴 수 있는 경제적 독점이었다. 그러나 근대 국가로 넘어오면서 이 특권은 중앙은행 체제에 흡수되었고, 시뇨리지는 국가 재정을 지탱하는 중요한 수입원이 되었다. 그런데 이 용어가 다시 회자되고 있다. 이유는 단 하나, 스테이블코인 때문이다.

스테이블코인은 화폐인가, 아니면 단순한 디지털토큰일 뿐인가. 결제 수단, 회계 단위, 가치 저장이라는 세 가지 기능을 충족한다면 실질적 화폐로 볼 수 있다. 그렇게 되면 스테이블코인을 발행하는 민간 기업은 사실상 중앙은행의 역할을 수행하며 시뇨리지를 얻는다고 해석할 수 있다. 실제로 테더나 USDC 같은 달러 기반 스테이블코인

화폐주조권, 시뇨리지

은 발행을 대가로 확보한 은행 예치금이나 단기 국채에서 막대한 이자 수익을 올리고 있다. 이 때문에 민간이 화폐 발행 차익을 가져간다는 불편한 시선이 따르기도 한다.

하지만 중세 군주의 시뇨리지와는 본질적인 차이가 있다. 군주는 세금을 거두고 법으로 화폐 사용을 강제할 수 있었지만, 스테이블코인 발행사는 시장의 선택을 받아야만 살아남는다. 가맹점 확대, 보안 인프라 구축, 마케팅 혜택, 고객 서비스 같은 현실적 비용이 끊임없이 수반된다. 따라서 시뇨리지라는 단어만으로 스테이블코인 발행사를 비유하기는 다소 무리가 있다.

통화정책으로 시선을 옮겨보자. 스테이블코인 발행이 실제로 통화량을 늘리는가. 일부 전문가들은 예치된 달러나 원화가 결제 토큰으로 전환되는 순간, 시중 유통 화폐가 증가한다고 본다. 반면 반대론자들은 이미 은행 계좌에 존재하던 자금이 토큰화된 것일 뿐, 이중으로 계산하는 것은 부당하다고 맞선다. 겉으로는 단순한 수치 논쟁처럼 보이지만, 이면에는 통화정책의 힘이 약화할 수 있고 기존 질서가 흔들릴 수 있다는 근본적 두려움이 자리하고 있다.

이 논쟁을 이해하기 위해 먼저 통화량부터 짚어보자. 스테이블코인 발행사는 코인 발행으로 유입된 현금을 국채나 은행 예금 등 안전자산에 예치하도록 규정할 수 있다. 매우 중요한 발행 조건이다. 문제는 그 이후다. 스테이블코인 발행사는 안전자산을 매입하기 위해 코인 발행으로 유입된 현금을 금융기관에 지급한다.

이때 만약 금융기관이 들어온 자금을 대출 등의 신용창출로 전환하지 않는다면, 실질적인 통화량 증가는 발생하지 않는다. 즉, 금융기관이 별도 계정을 통한 운용 규칙과 감독 체계를 명확히 확립한다면, 스테이블코인 발행에 따른 통화량 증가는 충분히 제한할 수 있다. 따라서 이 부분의 제도적 장치가 마련되어야만 스테이블코인은 통화정책의 위협이 아니라 디지털경제의 새로운 인프라로 자리매김할 수 있다.

보다 근본적인 질문을 던져보자. 스테이블코인은 금융 효율성을 극대화하는 혁신인가, 아니면 기존 통화 질서를 흔드는 불안 요인인가. 긍정론자들은 스테이블코인이 국경을 넘는 송금과 무역결제를 혁신적으로 단순화하고, 금융 서비스에서 소외된 이들에게 새로운 기회를 제공한다고 말한다. 반면 비판론자들은 준비자산의 불투명성과 남용 가능성을 지적하며, 대규모 환매 사태나 유동성 위기 같은 위험을 경고한다. 양쪽의 주장이 팽팽하지만 한 가지 사실만큼은 분명하다. 이 논쟁이 스테이블코인의 중요성과 잠재력을 역설적으로 입증하고 있다는 점이다.

역사를 돌이켜보면 새로운 화폐 질서가 등장할 때마다 비슷한 논란이 반복되었다. 금본위제가 붕괴하고 달러가 국제통화 체제를 장악할 때도 불안과 반발은 거셌다. 오늘날의 스테이블코인은 달러 패권을 위협하기보다는 디지털토큰이라는 형태를 통해 오히려 그 영향력을 확장하고 있다.

국제기구들은 각국 정부가 시뇨리지를 상실하고 정책 수단이 무력화될 것이라 우려하지만, 반대로 신흥국에서는 달러 스테이블코인을 자국 통화 불안정에 대한 안전판으로 받아들이고 있다. 이처럼 위기와 기회는 언제나 동전의 양면처럼 함께 존재한다. 이 지점에서 중요한 질문은 결국 우리는 어떤 길을 선택할 것인가이다.

스테이블코인 발행사 = 은행?

스테이블코인의 발행 주체를 둘러싼 논쟁도 매우 뜨겁다. 스테이블코인 발행사는 금융기관인가 아닌가. 우리가 알고 있는 은행의 기능은 예금을 받고 대출을 일으켜 신용을 창출한다는 점이다. 그러나 스테이블코인 발행사는 예금을 받지도, 대출을 일으키지도 않는다. 다만 사용자가 맡긴 법정 화폐를 안전자산에 예치한 뒤, 이에 상응하는 토큰을 발행해 유통시킬 뿐이다.

이러한 구조 때문에 '내로우 뱅크(narrow bank)와 닮았다'는 해석이 나오지만, 엄밀히 따지면 이것과도 다르다. 실제로 내로우 뱅크는 고객 예금을 중앙은행 계정에 그대로 예치해 예금 이자를 수익으로 삼으며, 신용창출 기능이 전혀 없는 초보수적 은행이다.

반면 스테이블코인 발행사는 고객이 맡긴 자산을 현금 또는 단기 국채 등 안전자산에 예치하고, 그 이자 수익으로 운영한다. 고객 자산을 언제든 1:1로 상환할 수 있다는 점에서는 비슷하지만 법적 지위와 기능 면에서는 은행이라 부르기 어렵다. 은행법 체계 속에서 움직이지 않기 때문이다. 따라서 '스테이블코인 발행사는 곧 은행이다'라는 주장은 지금 시점에서 과도한 일반화에 가깝다.

구분	내로우 뱅크	스테이블코인 발행자
예금 수취	고객 예금을 수취	사용자로부터 법정 화폐 받고 토큰 발행
자산 운용	무위험 자산에만 예치	현금, 국채 등 안전자산에만
대출 기능	없음 (신용창출 금지)	없음
고객 보장	100% 유동성 보유	1:1 준비금으로 언제든 상환 가능 확보
수익 모델	중앙은행 예치금 이자 수익	준비금 운용 수익(단기 국채 이자 등)
비고	초보수적 은행(운영 국가 없음)	정부 인가 필요

내로우 뱅크 vs 스테이블코인 발행자

그렇다고 미래 가능성이 닫혀 있는 것은 아니다. 장기적으로 스테이블코인 발행사가 준비자산 운용을 다변화하거나, 새로운 금융상품을 제공하는 방향으로 진화할 여지가 충분하다. 그러나 그 길은 기술만으로는 열리지 않는다. 법적 제도와 규제의 뒷받침이 없다면 발행사는 여전히 스테이이블코인 발행자 이상의 역할을 수행할 수 없다. 즉, 제도권의 인정을 받아야만 내로우 뱅크를 넘어선 새로운 금융기관으로 자리 잡을 수 있다.

따라서 지금 필요한 것은 '은행인가 아닌가'라는 소모적인 공방이 아니다. 누가 발행 자격을 갖느냐가 아니라, 어떤 조건 아래에서 발행을 허용할 것인가에 초점을 맞춰야 한다. 기존 금융권으로 발행 주체를 제한하는 방식으로는 디지털경제의 속도를 따라가지 못한다. 이들은 안정성 면에서 강점을 지니지만 기술 혁신과 확장성에서는 분명한 한계가 있다. 반면 핀테크와 스타트업은 빠른 실행력과 새로운 수요 창출 능력을 지니고 있다. 실제 글로벌 시장에서는 이미 민간 기술 기업들이 스테이블코인의 주요 발행 주체로 자리 잡았다. 한국 역시 이 흐름을 외면하기 어렵다.

다만 준비금 요건, 실시간 공시 체계, 정교한 관리와 감독이 제도적으로 전제되어야 한다. 이 부분이 허술하다면 스테이블코인은 언제든 그림자 금융으로 전락할 수 있다. 반대로 이러한 요건이 충족된다면 발행 주체가 은행이든 빅테크든 핀테크든 문제되지 않는다. 다만 제도라는 울타리 안에서만 스테이블코인 발행사는 그림자가 아닌 실체로, 은행을 닮은 새로운 제도로 진화할 수 있다.

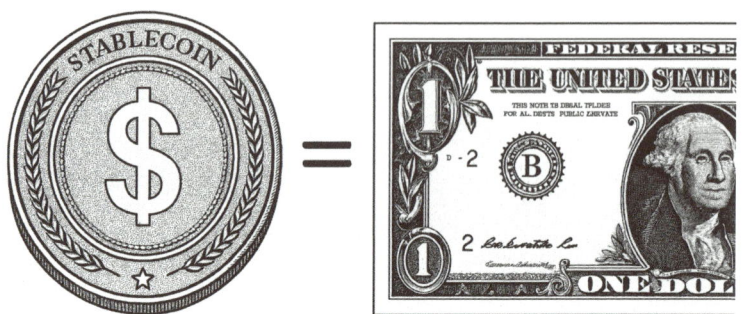

스테이블코인 1달러 = USD1

스테이블코인, 믿고 사도 될까

그렇다면 스테이블코인이 지급결제 수단으로 인정받기 위한 최소한의 조건은 무엇일까. 경제학자들은 오래전부터 화폐의 성립 요건으로 '묻지도 따지지도 말고 고객이 요구한 현금을 지급할 수 있어야 한다'라는 즉시 상환 가능성(No Question Asked, NQA) 원칙을 강조해 왔다. 지폐를 내밀었을 때 상대방이 진짜인지, 가치가 맞는지 일일이 의심한다면 그것은 이미 화폐가 아니다. 화폐란 액면가 그대로 조건 없이 교환이 가능해야 한다. 스테이블코인도 화폐로서 제대로 기능하기 위해서는 바로 이 NQA 원칙이 성립해야 한다.

자연스럽게 이 문제는 '준비자산'으로 이어진다. 스테이블코인이 화폐의 역할을 하려면, 발행사는 토큰을 발행하는 순간 이와 동일한 가치를 안전자산에 묶어두어야 한다. 예를 들어, 달러 기반 스테이블코인이라면 준비자산은 미국 법화(달러), 요구불 예금, 만기 93일 이하 국채, 만기 7일 이하 환매조건부채권(RP), 머니마켓 펀드(MMF) 같은 초단기 안전자산으로 한정된다. 이런 자산만이 언제든 현금화가 가능하며, '액면 그대로 1:1 상환'이라는 약속을 실질적으로 뒷받침할 수 있다. 미국의 지니어스 법이 이를 명문화했고, 한국에서 발의된 법안들 역시 100% 준비금 요건을 명시한 이유도 이 때문이다.

학계의 논거 (Holmstrom (2015), Gorton & Zhang(2023))

스테이블코인의 핵심 가치는 불확실성을 제거한,
즉시 상환 가능성(NQA)이며
이것이 결여되면 결코 '화폐'가 될 수 없다
→ 액면가 해당 가치로 의심 없이 바로 상환할 수 있어야 한다

준비자산 규제 :
미 달러화 또는 미 달러표시 예금과 1:1로 교환할 수 있어야 한다

준비자산 가능 대상	성격
미국 법화(coins & currency)	실물 화폐
요구불예금(demand deposits)	은행의 1:1 지급보장 예금
만기 93일 이하 국채	현금화 가능한 단기 채권
만기 7일 이하 RP	국채 담보의 단기 대출 회수권
MMF(머니마켓 펀드)	매우 안전한 단기자산 집합체

NQA(No Question Asked)

그러나 조건이 갖춰진다고 해서 의심이 사라지는 것은 아니다. '내가 산 스테이블코인, 과연 안전할까'라는 질문은 여전히 남는다. 준비자산이 제대로 공개되지 않거나, 자본 구조가 취약하고, 회계 보고가 불투명하다면 불안은 순식간에 증폭된다. 실제로 발행사가 보유 자산에 대한 명확한 증빙을 제시하지 못할 때 시장은 곧바로 신뢰를 거둬들이며 대규모 환매 사태, 즉 '코인런(coin run)'이 발생한다. 디지털 시대의 '뱅크런(bank run)'은 은행 창구 앞 긴 줄이 아니라 클릭 몇 번으로 시작되는 패닉이다.

이러한 우려는 이미 현실에서 증명되었다. 테라-루나 사태는 준비자산 없이 알고리즘만으로 유지되던 스테이블코인이 어떻게 순식간에 붕괴할 수 있는지를 보여주었다. USDC도 2023년 실리콘밸리은행(SVB) 파산 당시 일시적으로 달러 페깅이 흔들리며 신뢰의 중요성을 다시금 각인시켰다. 즉, 안전성과 신뢰는 발행사의 의지로만 담보되는 것이 아니라 제도적 규율이 뒷받침될 때 보장될 수 있다.

따라서 스테이블코인의 발행 요건은 100% 준비금 보유만으로는 충분하지 않다. 준비자산의 성격, 유동성, 공시 주기, 외부 감사 체계까지 정밀하게 규정되어야 한다. 특히 실시간 공시, 투명한 회계, 감독기관의 상시 모니터링은 필수다. 이런 장치가 갖춰져야만 이용자는 '내가 가진 스테이블코인, 내일도 그대로 가치가 지켜질까'라는 질문 앞에서 안심할 수 있다. 결국 신뢰란 약속이 아니라 제도의 결과물이다.

디지털 화폐의 평행선

스테이블코인을 논의할 때 빠지지 않는 질문이 있다. '그렇다면 중앙은행이 직접 발행하는 디지털 화폐, 즉 CBDC와는 어떤 관계인가.'

2025년 상반기, 한국은행은 '프로젝트 한강'이라는 이름으로 CBDC 실험을 진행했다. 시범 단계이긴 했지만 뚜렷한 정책적 방향을 제시하기에는 다소 미흡했다. 이후 흐름은 점차 동력을 잃었고, 대규모 상용화 논의는 수면 아래로 내려간 상태다.

그러나 이것이 CBDC의 무의미함을 뜻하지는 않는다. 정부가 발행하는 디지털 화폐는 여전히 공공성, 지급결제 인프라의 안정성, 금융 포용성이라는 고유한 역할을 수행할 수 있다. 여기서 중요한 점은 CBDC와 민간 스테이블코인이 각각의 역할을 어떻게 분담할 것인가이다.

CBDC와 원화 스테이블코인을 굳이 대립 구도에 놓을 필요는 없다. 두 제도는 오히려 상호 보완적으로 작동할 수 있다. CBDC가 복지 지급, 세금 납부 등 공공 인프라의 역할을 담당한다면, 원화 스테이블코인은 무역 거래, 해외 송금, 콘텐츠 소비 같은 민간 경제와 실생활 영역을 담당할 수 있다. 중앙은행의 안정성과 민간의 혁신성이 서로 다른 영역에서 협력할 때, 디지털 원화 생태계는 오히려 더 강력해질 수 있다.

구분	CBDC	스테이블코인
발행 주체	중앙은행(정부)	민간기업 또는 기관
법적 지위	법정 화폐(공식 화폐)	아직은 대체 결제 수단 또는 디지털토큰
가치 기준	법정 화폐와 1:1	보통 법정 화폐에 연동 (USD, KRW 등)
신뢰 기반	국가 통화 발행	준비금, 알고리즘, 자산 담보
목적	공공 화폐 디지털화, 포용 금융, 통화정책 보조	글로벌 결제, 송금, 탈중앙 거래 등
규제 상태	중앙통제, 엄격한 법체계	국가별 규제 상이, 높은 민간 자율성
위험 요인	개인정보 집중, 정부 감시 우려	발행사 부도, 환매 리스크, 준비자산 불투명
금융 생활 변화	캐시리스, 맞춤 마케팅 카드리스, 소비 최적화	시공 제약 없이 금융 거래, 보관과 일상 생활 연결 가능
예시	e-CNY, 디지털유로 등	USDT, USDC, USD1 등

CBDC vs 스테이블코인

CBDC 실험이 남긴 메시지는 명확하다. 바로 제도화된 원화 스테이블코인의 필요성이다. 공공 인프라만으로는 디지털경제의 속도를 따라가기 어렵다. 민간이 주도하는 결제 혁신과 중앙은행이 제공하는 안정성을 어떻게 조율하느냐가 앞으로의 과제다. CBDC와 원화 스테이블코인은 적과 동지가 아니라 각자의 영역에서 균형을 이루며 디지털 금융 생태계를 함께 구축해야 할 두 축이다. 결국 미래는 누가 먼저 명확한 제도 설계와 감독 체계를 마련해 시장의 신뢰를 얻느냐에 달려 있다.

오히려 더 중요한 쟁점은 원화 스테이블코인과 달러 스테이블코인의 경쟁이다. 현재 글로벌 결제 시장의 주도권은 테더(USDT), USDC 같은 달러 기반 스테이블코인이 장악하고 있다. 이미 한국에서도 가상자산 거래소와 해외 송금 경로를 통해 달러 스테이블코인이 널리 사용되고 있다.

반면 원화 스테이블코인은 아직 제도 설계와 실험 운영 단계에 머물러 있다. 만약 제도적 뒷받침 없이 흘러간다면, 원화는 디지털 결제 네트워크에서 존재감을 잃고 글로벌 질서에 종속될 수밖에 없다. 그러나 반대로 한국형 스테이블코인이 제도권 안에 안착한다면, 이는 원화의 국제화를 실험할 수 있는 전례 없는 기회가 된다. 이는 단순한 기술 실험이 아니라 국가 통화의 디지털 주권을 구축하는 첫걸음이기도 하다.

K-컬처로 원화 스테이블코인을 확장하다

스테이블코인의 가치는 결국 어디에서, 어떻게 사용되느냐에 따라 결정된다. 아무리 완벽한 제도와 견고한 준비금 요건을 갖추었더라도 실생활에서 활용되지 못하면 기술적 장식품에 불과하다. 원화 스테이블코인의 성공 여부도 제도적 안정성 못지않게 실제 쓰임새와 네트워크 확장성에 달려 있다.

가능성의 범위는 의외로 넓다. 첫째, 국경을 넘는 송금이다. 현재

한국에서 해외로 송금하려면 복잡한 절차와 높은 수수료를 감내해야 한다. 그러나 원화 스테이블코인이 제도권 안에 안착한다면, 블록체인 네트워크를 통한 저비용, 실시간 송금이 현실화할 수 있다.

둘째는 무역 결제다. 원화 스테이블코인이 동남아시아나 중동 시장에서 사용된다면, 원화는 국제 유통 단위를 확보하며 외환 의존도를 줄이는 효과를 얻을 수 있다.

문화 산업에서의 활용 가능성은 특히 주목할 만하다. K-팝, K-드라마, K-푸드, 게임, 웹툰 같은 K-컬처 소비는 이미 전 세계적인 흐름이 되었다. 만약 글로벌 팬들이 원화 스테이블코인으로 음원이나 용품을 결제할 수 있다면, 이는 단순한 결제를 넘어 원화 국제화의 새로운 경로로 작동할 수 있다. 예컨대 뉴욕의 BTS 팬이 원화 스테이블코인으로 콘서트 티켓을 구매하고 그 거래가 블록체인에 기록된다면, 이는 곧 한국 화폐가 글로벌 시장에서 실질적 효용을 갖게 됨을 의미한다.

그렇다면 발행사의 수익모델은 무엇일까. 핵심은 준비자산 운용 수익이다. 예치된 현금이나 단기 국채에서 발생하는 이자가 주요 수익원이다. 여기에 더해, 결제 네트워크 참여자에게서 발생하는 소액 수수료, 가맹점과 플랫폼 제휴 수익, 데이터 기반 서비스까지 다양한 비즈니스 모델로 확장될 수 있다.

따라서 스테이블코인 발행사는 단순히 코인을 찍어내는 기관이 아니라, 금융, 결제, 문화 산업을 연결하는 새로운 플랫폼 사업자로 성장할 잠재력을 갖게 된다.

구분	내용
수익모델	준비금(국채, RP 등) 운용 수익
	거래 수수료, 온체인 사용료
	기관 대상 B2B API, 서비스 제공료 등
비용	보관(수탁, 예치기관) 수수료, 감사 등 관리비
	규제 대응 및 법무, 준법 비용
	인프라, 기술 운영 비용 등

스테이블코인 발행사의 수익과 비용

'누가 사용할까', '정말 쓰임이 있을까' 질문들은 냉정하지만, 이미 답은 명확하다. 원화 스테이블코인의 성패는 실사용 네트워크를 얼마나 빠르고 넓게 확보하느냐에 달려 있다. 국내 결제 가맹점과 글로벌 플랫폼이 연결되고, 송금, 무역, 문화 산업에서 실제로 사용되기 시작한다면, 원화 스테이블코인은 한국 경제의 성장 엔진으로 자리잡을 수 있다.

결국 화폐의 가치는 '사용처'에서 결정될 것이다. 원화 스테이블코인이 지갑 속 기술이 아니라 시장 위의 인프라로 기능할 때, 디지털경제 속에서 원화는 다시 한번 확장의 기회를 맞이하게 된다.

글로벌 규제 지형

3

스테이블코인은 웹 4.0을 주도할 글로벌 금융 주권을 건 가장 뜨거운 무대다. 누가 먼저 제도를 설계하고 규칙을 실행하느냐에 따라 미래 금융 패권의 향방이 달라질 수 있다. 지금 세계 각국은 저마다의 전략을 선택하며 경쟁에 뛰어들고 있다. 어떤 국가는 규제를 정비해 시장을 선점하려 하고, 또다른 국가는 불확실성을 이유로 여전히 관망하고 있다.

그러나 대응 방식이 다르더라도 질문은 동일하다. 이 새로운 화폐를 어떻게 제도화할 것인가. 규제가 너무 느슨하면 금융 혼란을 가져올 수 있다. 하지만 지나치게 엄격하면 혁신의 기회는 놓치고 만다.

결국 스테이블코인을 둘러싼 규범 경쟁은 혁신과 안정 사이에서 국가가 어떤 균형점을 선택할 것인가의 문제다.

국제 무대에서는 협력과 충돌이 불가피하다. 각국의 규제가 서로 엇갈리면 시장은 분절되고, 국경 간 거래는 불편해진다. 이를 해결하기 위해 BIS와 IMF 같은 국제기구는 공통 규범을 마련하려는 시도를 이어가고 있다. 하지만 실제로는 누구의 규칙이 글로벌 표준이 될 것인지를 둘러싼, 규범 경쟁이 치열하게 벌어지고 있다.

한국 역시 이 무대의 한가운데에 서 있다. 선택을 미루면 원화는 주변 통화에 머물 수밖에 없지만, 선제적으로 제도화를 추진한다면 새로운 기회를 잡을 수 있다.

미국, 지니어스 법으로 본격화된 제도화

미국의 제도화는 단순한 규제 정비 차원이 아니다. 이는 디지털 화폐 경쟁에서 주도권을 선점하려는 전략적 선택으로 보인다. 그 상징적 전환점이 바로 2025년 7월 제정된 지니어스 법이다. 이 법은 스테이블코인을 공식 지급결제 수단으로 규정하며, 달러 패권을 디지털 시대에도 이어가기 위한 제도적 기반을 마련했다.

핵심은 엄격한 의무와 명확한 권리의 교환이다. 스테이블코인 발행사는 1:1 상환 의무를 반드시 지켜야 하고, 준비금은 현금이나 단기 국채 같은 초안전자산으로만 운용할 수 있다. 또한 실시간 공시와 외부 감사가 요구된다. 이러한 요건을 충족한 발행사만이 제도권 안에서 합법적인 결제 수단 제공자로 인정된다.

구분	내용	정책적 의의
정의	지급 수단 명시 블록체인 기록	법정 화폐 역할에 가까운 자산으로 인정
상환 의무	소유자는 1:1 법정 화폐와 환매권 보장	NQA 원칙 구현 소비자 보호의 핵심 기반
기대 신뢰	발행자는 상환능력에 대한 지속적 신뢰를 제공	규제 기관과 시장의 투명한 정보 공개 및 감사 요구

미국 지니어스 법(GENIUS Act)

다만 스테이블코인은 은행 예금과는 다르다. 예금자보호나 연방예금보험공사(FDIC)의 보증 대상이 아니다. 국가가 위험을 대신 떠안지는 않는다. 대신 법은 발행사가 투자자에게 이자를 지급하는 것을 금지해, 스테이블코인이 투자상품으로 변질되는 것을 막았다. 어디까지나 안정적인 결제 수단으로만 기능하도록 선을 그은 것이다.

발행 주체는 크게 세 가지로, 은행 자회사, 연방 인가 비은행, 주 정부 인가 발행사로 구분된다. 이 가운데 주 정부 인가 모델은 발행 규모와 요건에 제한이 있으며, 그 규제가 연방 기준과 동등한지 여부는 재무부, 연준, FDIC로 구성된 3자 위원회가 판정한다. 이 기준을 충족한다면 구글, 메타, 애플 같은 글로벌 빅테크 기업도 참여할 길이 열려 있다.

지니어스 법은 시장을 통제하려는 장치가 아니다. 건전한 생태계를 키우기 위한 제도적 설계다. 무분별한 실험은 걸러내되, 요건을 충족하는 발행사에는 제도권의 길을 열어주었다. 이 법을 통해 소비자는 신뢰할 수 있는 디지털 결제 수단을 마련했고, 미국은 달러 패권을 디지털 시대에도 이어갈 수 있는 전략적 기반을 확보했다.

유럽연합, 규범으로 질서를 설계하다

유럽연합(EU)은 언제나 기술 자체보다 규범의 힘으로 세계 질서를 움직여왔다. 2018년 GDPR이 글로벌 개인정보 보호의 표준으로 자리 잡았듯, 이제는 디지털 자산과 인공지능을 겨냥한 새로운 규범을 통해 웹 4.0 무대를 선점하려 한다.

그 중심에 선 것이 바로 MiCA(Markets in Crypto-Assets Regulation) 즉, 디지털 자산 시장 규제법이다. 2020년 초안 발표 이후 2023년 최종 통과된 이 법은, 2024년부터 이미 시행에 들어갔다. 미국의 지니어스 법보다 앞선 일정이다.

MiCA는 단순한 규제가 아니다. 스테이블코인을 ART(Asset-Referenced Token, 자산 연동형 토큰)와 EMT(Electronic-Money Token, 전자 화폐형 토큰)로 구분해, 제도권 안에서 다양한 모델을 실험할 수 있는 체계를 마련했다. 준비금 100% 보유, 초안전자산 운용, 공시와 보고 의

무, 환매 보장 등 핵심 원칙은 미국과 유사하다. 하지만, 스테이블코인의 범주를 넓히고 디지털 유로 프로젝트와 조화를 이루도록 설계했다는 점에서 유럽연합만의 독창성이 드러난다.

방향성	기술 포용성은 넓게, 투자자 보호와 안정성은 강하게
내용	✓ 스테이블코인의 종류를 폭넓게 인정 　- ART : 다양한 실제 자산에 가치를 고정 　- EMT : 단일 법정 화폐에만 1:1로 연동 ✓ 준비금 보유, 환매 리스크, 정보 공개, 금융시장 안정 등 모든 분야에 촘촘한 규제망 설치 ✓ 디지털 유로와 조화되도록 설계

유럽연합의 디지털 자산 시장 규제법(MiCA)

여기에 더해 2024년 최종 확정된 AI 기본법(AI Act)은 유럽이 구축하는 웹 4.0 질서의 두 번째 기둥, 즉 사회적 신뢰의 기반을 세운 법으로 평가받는다. 이 법은 2021년 초안 발표 이후 수년 간의 논의를 거쳐 마련되었으며, 인공지능 시스템을 허용 불가, 고위험, 제한적 위험, 최소 위험의 네 등급으로 분류한다. 특히 의료와 금융 등 인간의 권리와 안전에 직접 영향을 미치는 고위험 영역에서는 투명성과 설명 가능성을 법적으로 의무화했다. 이로써 단지 성능만 좋은 AI가 아니라 사회가 신뢰하고 수용할 수 있는 AI만이 시장에 진입할 수 있도록 했다.

이처럼 유럽연합은 MiCA를 통해 디지털 자산을, AI Act를 통해 인공지능을 동시에 규제하면서, 웹 4.0을 기술의 실험장이 아닌 사회적 합의 위에서 작동하는 질서로 만들고 있다. 속도는 다소 느릴 수 있다. 그러나 그 대가로 확보하려는 것은 지속가능성과 규범 패권이다. 유럽은 기술이 아니라 규범으로, 그리고 스테이블코인을 최초로 제도화한 대륙이라는 자신감을 바탕으로, 웹 4.0 시대의 첫 설계자가 되겠다는 의지를 분명히 보여주고 있다.

아시아, 통제와 개방의 실험 무대

아시아는 스테이블코인의 규제와 활용에서 가장 다채로운 풍경을 보여주는 무대다. 같은 대륙 안에서도 각국 전략이 극명하게 갈린다.

중국은 디지털 위안화인 e-CNY를 앞세워 국가 주도형 디지털 화폐 질서를 설계하고 있다. 민간 스테이블코인을 엄격히 제한하는 전략은 단순한 통제가 아니라 중앙은행이 직접 결제망을 장악하고 효율성과 안정성을 동시에 확보하려는 의도다. 세계 최대 내수 시장을 기반으로 중국은 스테이블코인을 대체하는 독자적 통화 패권 모델을 만들어가고 있다.

일본은 다른 길을 택했다. 2023년 개정된 결제 서비스법(Payment Services Act)은 스테이블코인 발행을 합법화하면서도 비은행 발행을 원칙적으로 제한하고, 100% 준비금 보유를 의무화했다. 이는 '결제 수단의 신뢰는 은행만이 보장한다'는 기존 금융 질서를 고수한 조치이다. 그러나 변화의 조짐도 있다. 금융청(FSA)은 도쿄의 핀테크 기업인 JPYC Inc. 등 스타트업의 엔화 스테이블코인 승인을 검토 중이다. 향후에는 준비금 운용을 최대 50%까지 허용하는 완화안도 논의 중이다. 일본은 보수적 틀 안에서 민간 참여의 폭을 조금씩 넓히는 점진적 전략을 택하고 있다.

홍콩과 싱가포르는 개방적이다. 두 금융 허브는 글로벌 기업과 자본을 끌어들이기 위해 스테이블코인 발행과 거래를 제도권 안으로 편입하는 데 속도를 내고 있다. 홍콩은 2025년 5월 스테이블코인 법안을 통과시켰고, 8월부터 시행에 들어갔다. 중국 본토가 직접 추진하기 어려운 금융 실험을 홍콩이 먼저 시험하는 구조로, 이번 제도화 역시 그 연장선상에 있다. 이러한 움직임은 장기적으로 위안화 기반 디지털 자산의 국제 활용도를 높이려는 전략적 흐름과 맞닿아 있다.

싱가포르는 2023년 8월 이미 스테이블코인 규제 윤곽을 확정해, 1:1 상환 의무와 준비금 관리 요건을 명문화했다. 규제 샌드박스를 넘어 다국적 핀테크 기업의 시험대 역할을 자처하며, 글로벌 스테이블코인 시장을 선점하려는 전략을 분명히 하고 있다.

이처럼 아시아에는 세 가지 모델이 공존한다. 중국의 국가형 모델, 일본의 절충형 모델, 홍콩과 싱가포르의 개방형 모델이 그것이다. 각기 다른 길이지만, 지향점은 동일해 보인다. '스테이블코인을 어떻게 제도화할 것인가, 그리고 이를 통해 미래 금융의 주도권을 누가 확보할 것인가.' 이 치열한 실험이 웹 4.0 시대를 맞이하는 아시아 각국의 도전이자 과제다.

한국, 늦었지만 지금이 시작이다

한국의 디지털 자산 제도는 아직 초기 단계에 머물러 있다. 현재 시행중인 관련 법은 '특정 금융거래정보의 보고 및 이용 등에 관한 법률(특금법)'과 '가상자산 이용자 보호 등에 관한 법률' 단 두 개뿐이다. 그러나 이들 법안은 산업 진흥을 위한 업권법이 아니라 자금세탁 방지와 이용자 보호 같은 최소한의 안전망에 초점이 맞춰져 있다.

그래서 시장은 그동안 꾸준히 목소리를 내왔다. 디지털 자산은 주변부가 아니라 미래 금융의 중심축이 될 것이라는 주장이다. 특히 토큰증권, 실물자산의 토큰화, 스테이블코인과 같이 글로벌 제도 경쟁이 치열한 영역에서 우리만 머뭇거리다가는 국제 흐름에서 소외될 수 있다는 위기감이 커지고 있다.

다행히 최근 들어 긍정적 변화의 조짐이 나타나고 있다. 국회에서는 스테이블코인 관련 법안 5건이 발의되며 제도화 논의가 속도를 내고 있다. 자본금 요건은 5억 원에서 50억 원까지, 준비자산은 현금, 예금, 국채 등 초안전자산 100% 보유를 원칙으로 하되 일부는 발행사의 자율 구성을 허용한다. 이자 지급은 대부분 금지이거나 별도 규정을 두지 않았고, 공시와 감사는 월간, 분기 단위 보고 및 외부 감사 의무화를 기본 틀로 삼고 있다.

우리의 길은 분명하다. 자산 보호를 넘어 산업 성장을 뒷받침할 제도로 나아가야 한다. 글로벌 시장은 이미 스테이블코인을 디지털경제의 핵심 인프라로 받아들였고, 미국과 유럽은 각자의 방식으로 새로운 통화 질서를 설계하고 있다. 우리가 늦지 않게 제도화를 추진한다면, 원화 스테이블코인은 금융 상품에 머물지 않고 원화 국제화와 K-콘텐츠 확산을 지탱하는 전략 플랫폼으로 성장할 수 있다.

지금 필요한 것은 관망이 아니라 결단이다. 부정적 우려에 머무는 나라가 아니라 가능성을 제도 속에 구현하는 나라가 되는 것, 이것이 한국이 선택해야 할 길이다. 특히 2025년 9월 출범한 디지털 자산TF가 그동안 흩어져 있던 논의를 하나의 법적 틀로 통합하고 있는 만큼, 머지않아 구체적 성과를 기대할 수 있을 것이다.

웹 4.0의 확장 무대

7장

웹 4.0은 미래의 구호가 아니다. 지금도 확장 중인 현실이며, 그 변화의 중심에는 결제 혁신이 있다. 스테이블코인, 자동 정산, X402 프로토콜은 기존 인프라의 한계를 깨며 AI 에이전트의 활동 토대를 마련하고 있다. 또한 AI는 생성형 모델을 넘어 범용 AI, 초지능 AI로 뻗어나가며, 산업과 일상에 또다른 차원의 변화를 예고한다. 이 장에서는 기업에서 개인으로 이어지는 변화, 결제 인프라의 혁신, AI의 진화 흐름을 함께 짚으며 웹 4.0이 펼쳐 보일 확장된 무대를 전망하고자 한다.

기업에서 일상까지

1

AI와 블록체인이 동시에 작동하는 통합된 경제 무대가 열리면서, 검색, 업무, 소셜, 게임, 쇼핑으로 나뉘어 있던 디지털 영역의 경계가 빠르게 해체되고 있다. 그리고 기업들은 이 무대 위에서 각자의 방식으로 미래의 운영 방식을 실험하며, 현실 속에서 구현해 나가고 있다.

그렇다면 웹 4.0은 기업과 금융의 혁신을 넘어 우리가 살아가는 도시와 사회의 구조를 어떻게 바꾸게 될까. 행정, 교통, 에너지, 의료, 교육이 AI와 블록체인을 만나는 순간, 기술은 단순한 효율화 도구가 아니라 사회적 신뢰를 구현하는 새로운 인프라로 전환된다.

웹 4.0의 개척자들, 동시 질주

웹 4.0의 무대에 오르면, 기업은 더이상 검색, 쇼핑, 소셜과 같은 기존의 카테고리로 구분되지 않는다. 구글은 단순한 검색창이 아니라 신뢰를 내장한 디지털 인프라 운영 기업으로 변모한다. AI가 클라우드 위에서 보안 위협을 실시간으로 탐지하고, 블록체인이 거래와 기록을 보증하는 장면을 떠올려보자. 사용자는 정보를 탐색하는 수준을 넘어 안전하게 보증된 디지털 세계에 접속하는 경험을 하게 된다.

업무 현장에서도 변화의 흐름은 뚜렷하다. 마이크로소프트의 클라우드는 문서 도구를 넘어 계약과 결제를 자동으로 검증하고 실행하는 시스템으로 진화하고 있다. 글로벌 공급망은 살아 있는 유기체처럼 스스로 오류를 수정하며 실시간으로 의사결정을 내린다. 이처럼 기업은 분산된 신뢰 위에서 작동하는 자동화 프로세스를 직접 경험하게 된다.

소셜 공간에서는 새로운 경제가 펼쳐진다. 메타버스 안에서 AI 챗봇이 사용자의 취향을 분석해 상품을 추천하고, 결제와 소유권은 블록체인이 즉시 처리한다. NFT가 단순한 디지털 증표였던 시대를 지나, AI가 개입하는 실시간 경제 활동이 가상 세계에 자리 잡는다. 이는 오락이 아니라 데이터와 코드가 운영하는 새로운 경제권의 출현을 의미한다.

스타트업의 세계도 다르지 않다. 게임 속 AI 캐릭터는 매번 새로운 퀘스트(Quest, 이용자가 수행해야 할 임무나 과제)를 만들어내고, 보상은 블록체인 자산으로 지급된다. 사용자는 미리 짜인 이야기를 따라가는 소비자가 아니라 AI가 설계하고 블록체인이 보증하는 경제 시스템 안에서 살아가는 참여자가 된다.

전자상거래에서도 낯선 장면이 다가온다. 고객 자신이 무엇을 구매할지 인식하기도 전에, AI가 필요를 예측해 상품을 제안하고, 블록체인이 거래를 보증한다. 쇼핑은 더이상 클릭과 결제의 행위가 아니라 AI가 설계하는 소비의 여정으로 변모하고 있다.

금융, 가장 치열한 웹 4.0의 현장

웹 4.0의 무대에서 가장 먼저, 그리고 가장 격렬하게 변화하는 영역은 금융이다. 은행 창구가 사라지고 카드 결제망이 바뀌는 수준이 아니다. 데이터와 코드가 직접 신뢰를 보증하는 전에 없던 금융 질서의 출현이다.

국제 결제 현장을 상상해보자. JP모건이 운영하는 블록체인 네트워크 위에서 기관 간 자금이 오가고, AI는 흐름을 실시간으로 감시한다. 결제는 몇 초 만에 끝나고, 동시에 의심스러운 패턴은 즉시 자동으로 차단된다.

중소기업 대출 현장도 달라진다. 블록체인 결제망 위에서 AI는 사업자의 거래 데이터를 분석해 신용을 평가하고, 대출 승인을 자동으로 처리한다. 며칠씩 기다리던 심사가 몇 분 만에 완료되고, 작은 가게 주인은 곧바로 자금을 손에 쥔다. 이 순간, 금융은 포용성을 확장하는 사회적 장치로 변모한다.

결제 카드도 진화하고 있다. 홍콩의 핀테크 기업인 레돗페이(RedotPay)는 스테이블코인 기반의 카드를 선보이며, 사용자가 지갑 속 디지털 자산으로 실시간 결제를 할 수 있는 길을 열었다. 지금은 기존 카드망과 병행한 하이브리드 모델이지만, 머지않아 결제망 자체가 블록체인으로 전환되면 완전한 웹 4.0형 결제가 눈앞의 현실이 된다.

글로벌 네트워크의 거인들도 이미 움직이기 시작했다. 비자카드와 마스터카드는 스테이블코인 결제를 실험하고, AI 기반 리스크 엔진을 활용해 사기 거래를 사전에 차단하고 있다.

이 변화는 국내 금융권에도 그대로 다가온다. 은행은 송금과 결제 비용을 혁신적으로 낮출 기회를 얻는 동시에 오랜 기간 의존해 온 예대마진 중심의 수익 구조가 흔들릴 위험에 직면한다. 카드사와 결제망은 글로벌 확장의 길이 열리지만, 기존 인프라의 재편이라는 부담을 감수해야 한다.

플랫폼과 핀테크 기업은 빠르게 성장할 가능성과 동시에 빅테크와 전통 금융이 주도하는 새로운 질서 속에서 밀려날 위험을 함께 안고 있다. 따라서 웹 4.0 시대의 금융은 신뢰와 혁신이 같은 무대에서 만나 균형을 찾아가는 과정이다. 이 무대 위에서 기업과 개인은 지금까지 경험하지 못한 속도와 안전성 그리고 새로운 금융 표준을 마주하게 될 것이다.

웹 4.0, 사회를 다시 설계하다

도시의 변화는 단지 행정 창구가 줄어드는 정도로 멈추지 않는다. 비자 발급, 토지 등기, 교통 흐름 제어, 전력 배분에 이르기까지 모든 관리 체계가 데이터와 알고리즘 위에서 재구성된다. 시민은 더 빠르고 투명한 서비스를 경험하지만, 이보다 더 중요한 변화는 이 과정이 누구에게나 검증 가능하다는 점이다.

정보의 세계도 마찬가지다. 가짜 뉴스와 허위 정보가 사회적 혼란을 부르는 시대에 AI는 의심 정보를 걸러내고 블록체인은 공인된 사실과 대조해 신뢰도를 표시한다. 시민은 단순히 많은 뉴스를 소비하는 데 그치지 않고 '무엇이 진짜인가'에 대한 기술적 근거를 제공받는다.

의료와 교육은 인간 삶에서 가장 민감한 두 축이다. 웹 4.0 시대의 병원은 생애 전체를 관리하는 동반자가 된다. 개인의 건강 데이터는 블록체인에 안전하게 축적되고, AI는 질병을 예측하며 맞춤형 치료를 설계한다. 환자는 자신의 데이터를 기반으로 의료 결정에 적극 참여하며 치료받는 존재에서 건강을 설계하는 주체로 자리 잡는다.

교육 역시 변한다. 학교는 지식을 주입하는 공간에서 벗어나, 평생 학습과 역량 증명의 플랫폼으로 확장된다. 학습 기록은 블록체인에 저장되어 누구나 검증할 수 있고, AI는 학생의 흥미와 잠재력에 맞춰 개인별 학습 경로를 제안한다. 학위는 과거 성취를 증명하는 종이 증서가 아니라 사회가 신뢰하는 디지털 이력으로 자리 잡게 된다.

웹 4.0, 나를 바꾸는 배경

아침 출근길, 차를 몰고 주차장에 진입하지만 결제라는 행위를 따로 할 필요가 없다. AI 지갑이 가장 유리한 요금을 자동으로 선택하고, 블록체인이 거래를 인증하기 때문이다. 운전자는 아무것도 하지 않았지만, 충전은 이미 시작되고 결제는 끝나 있다. 결제는 더이상 행동이 아니라 투명하게 작동하는 배경 시스템이 된다.

퇴근길, 보험 앱을 열면 또다른 풍경이 펼쳐진다. 오늘 채운 만 보 기록이 건강보험료 할인으로 자동 반영되고, 안전 운전 점수가 높게 산정된 날에는 자동차 보험료가 즉시 낮아진다. AI는 생활 데이터를 실시간으로 분석하고, 블록체인은 이 결과를 위변조가 불가능한 기록으로 남긴다. 금융이 습관을 이끌고, 습관이 다시 금융 혜택으로 돌아오는 선순환 구조다.

집에 돌아오면 문화의 경험도 달라진다. 좋아하는 뮤지션이 AI와 함께 나를 위한 음악을 제작하고, 그 결과물은 블록체인 위에 내 고유 자산으로 등록된다. 과거 단순한 소유 증표였던 NFT는 맞춤형 창작물과 결합하며 개인화된 문화 세계를 만든다.

친구와의 대화 역시 새로운 흐름을 띤다. 메신저 속 AI 챗봇은 대화 맥락을 파악해 필요한 정보를 바로 제안하고, 블록체인 기반 토큰은 대화 참여자에게 보상으로 돌아온다. 잡담은 자연스럽게 결제, 일정 관리, 정보 탐색으로 이어지며, 소통 자체가 생활 운영 플랫폼으로 진화한다.

웹 4.0은 아직 완전히 모습을 드러내지 않았다. 그러나 결제, 보험, 문화, 소통 속에서 이미 조용히 작동하며 우리의 일상을 서서히 변화시키고 있다.

결제 혁신과 X402

2

높은 수수료, 느린 처리 속도, 국경 간 비효율이라는 기존 결제 시스템이 만들어낸 제약들은 불편을 넘어 새로운 산업의 성장을 가로막는 보이지 않는 장벽이었다. 그러나 웹 4.0의 결제 혁신은 이 장벽을 구조적으로 제거한다.

AI와 결제가 연결되면 금융의 패러다임은 근본적으로 바뀐다. 결제는 돈을 내는 '행위'가 아니라 AI 에이전트가 수행하는 백그라운드의 프로세스가 되고, 이때 사용자는 결제의 행위자가 아니라 기준과 조건을 설정하는 감독자로 변모한다.

기존 결제의 한계와 제약

현재의 결제 시스템은 카드 네트워크와 은행 계좌 기반 인프라에 크게 의존한다. 비자, 마스터 같은 글로벌 카드사는 안정적인 네트워크를 제공하지만, 모든 거래에 일정 비율의 수수료를 부과한다. 특히 소액 결제에서는 수수료가 거래 금액보다 커지는 역전 현상까지 발생해, 온라인 콘텐츠 구독이나 일회성 API 호출 같은 초소액 결제(micro-payment)의 확산을 가로막아왔다.

처리 속도 또한 구조적 한계다. 카드 결제는 수 초에서 수 분, 은행 간 이체나 송금은 국가에 따라 수 시간에서 수일이 소요되기도 한다.

국경 간 결제의 비효율성도 문제다. 예를 들면, 한국의 개발자가 미국 클라우드 요금을 결제하거나, 프리랜서가 해외 클라이언트로부터 소액 대금을 받을 때조차 환전 및 중개 수수료가 발생한다. 국가별 결제망이 단절된 환경에서는 거래 금액이 적을수록 비용 부담은 오히려 커진다.

블록체인은 처음 등장했을 때 이 문제를 해결할 새로운 결제 인프라로 주목받았다. 하지만 당시 암호화폐는 높은 네트워크 수수료와 낮은 확장성 때문에 실생활에 정착하지 못했다. 즉, 웹 3.0 이전의 암호화폐 결제는 기술적 실험에 머물렀다.

웹 4.0은 이 지점을 정면으로 겨냥한다. 블록체인의 투명한 기록과 AI의 실시간 자동화가 결합하면서, 소액 결제는 비로소 현실적인 경제성을 갖추기 시작했다. 예를 들면, AI 에이전트가 뉴스 기사의 한

단락을 읽을 때마다 저작권자에게 원 단위 비용을 자동 송금하거나, 사용자의 API 호출량에 따라 실시간 결제가 이루어지는 방식이다.

인간의 개입 없이 에이전트 간 결제(agent-to-agent payment)가 자연스럽게 실행되는 시대, 이것이 웹 4.0 시대의 금융이다.

자동화 결제와 스테이블코인의 역할

스테이블코인은 단순히 암호화폐의 한 분류가 아니다. 법정 화폐의 가치를 안정적으로 디지털 공간에 옮겨 놓은 새로운 결제 수단이다. 비트코인이나 이더리움처럼 가격 변동성이 크지 않으므로 실시간 결제와 정산이 동시에 가능한 '디지털 현금'으로 기능한다. 은행 영업시간이나 카드사 전산망 같은 기존 금융 시스템의 제약에서 자유롭다는 점에서도 새로운 가능성을 보여준다.

글로벌 결제 기업들의 행보는 이러한 변화를 단적으로 보여준다. 비자카드는 솔라나 블록체인 플랫폼을 활용해 가맹점 정산에 스테이블코인을 적용하기 시작했고, 마스터카드 역시 블록체인 기반 송금 모델을 확장 중이다. 이들은 기존 카드 결제망을 완전히 버리지 않고, 앞단의 결제 경험은 그대로 유지한 채 뒷단 정산만 스테이블코인으로 전환하는 하이브리드 전략을 택했다. 이는 전통적 결제망과 새로운 디지털 결제 레일이 중첩된 과도기의 풍경이다.

근로 현장에서 스테이블코인의 효용은 더욱 뚜렷하다. 국경을 넘나드는 프리랜서나 디지털 노마드(Digital Nomad, 디지털 기술을 활용해 시간과 장소에 구애받지 않고 일하는 사람)에게 급여 지급은 높은 수수료와 지연 문제로 오랜 기간 악명이 높았다. 그러나 스테이블코인을 활용하면 급여 지급은 수일에서 수분으로 단축되고, 수수료 부담도 크게 줄어든다. 인플레이션이 심한 국가에서는 현지 통화 대신 스테이블코인으로 보수를 받아 가치를 보존하는 사례도 늘고 있다.

송금과 무역 분야에서도 같은 흐름이 이어진다. 현재 해외 송금 수수료는 여전히 높은 수준이어서 저소득 가계와 개발도상국 경제에 큰 부담으로 작용한다. 하지만 스테이블코인은 낮은 수수료, 빠른 정산, 블록체인에 기록되는 투명성을 기반으로 기존 금융이 해결하지 못한 문제를 보완할 대안으로 부상하고 있다.

그러나 스테이블코인의 진정한 의미는 송금 혁신을 넘어선다. 핵심은 '자동화 결제'다. AI 기반 소프트웨어 에이전트는 데이터를 수집하고 연산하며 API를 호출하는 과정에서 스스로 비용을 계산하고 지급까지 수행한다. 기계와 기계가 거래하는 환경에서 스테이블코인은 가장 자연스러운 결제 단위가 된다.

데이터 스트리밍 요금, 초 단위 클라우드 사용료, 기계 간 거래 같은 초소액 결제는 코드 속에서 자동으로 이루어진다. 코드가 조건을 감지하고, AI가 계산을 수행하며, 블록체인이 정산을 완료한다. 결제의 주체가 사람 손에서 벗어나 코드로 이동하는 것이다. 이런 환경에서는 로그인, 국경, 은행 영업시간 같은 전통적 제약이 더이상 의미를 갖지 않는다.

이 흐름의 연장선에서 등장한 것이 바로 X402 프로토콜이다. X402는 인터넷의 오래된 전송 규격을 재해석해, AI, 애플리케이션, 그리고 API가 결제 기능까지 수행할 수 있도록 설계된 새로운 표준이다.

X402 프로토콜의 등장

HTTP는 웹의 기본 언어다. 우리가 브라우저로 웹페이지를 열 때마다, 서버와 클라이언트는 숫자로 표시된 상태 코드를 주고받는다. 우리가 웹상에서 경험하는 200은 요청이 성공했음을, 404는 페이지를 찾을 수 없음을 의미한다. 이 가운데 '402 Payment Required'는 초창기에 만들어졌지만 오랫동안 활용되지 못한 채 사실상 비어 있는 코드로 남아 있었다.

웹 초창기 개발자들은 언젠가 인터넷상에서 결제가 자연스럽게 이뤄질 날이 올 것이라 예상하며 이 코드를 예약해두었다. 그러나 신용카드와 페이팔 같은 외부 결제 시스템이 웹 밖에서 결제를 처리하는 방식이 굳어지면서, 402 코드는 표준 문서 속에만 존재하는 유령 코드가 되었다. 30년 가까이 사용되지 않은 탓에 개발자들 사이에서도 기억 속에서 사라진 예약 코드로 남았다.

그런데 이 코드가 다시 주목받기 시작했다. 2025년, 미국 최대의 암호화폐 거래소인 코인베이스(Coinbase)는 'X402 제안서'를 발표하며, 'Payment Required(결제 필요)'를 단순한 오류 코드가 아니라 결제 프로토콜의 시작점으로 재해석했다. 이 프로토콜은 단순히 결제가 필요함을 알리는 신호를 넘어, AI, 애플리케이션, API가 자동으로 결제를 주고받는 실시간 프레임을 담고 있다.

기존의 웹은 '읽기'와 '쓰기' 중심 구조였다. 사용자는 콘텐츠를 보고 정보를 입력하며 서비스를 이용하는 것이 전부였다. 그러나 X402가 도입되면 웹은 결제까지 포함하는 상호작용의 영역으로 확장된다. 사용자가 아닌 AI 에이전트가 API를 호출하며 필요한 사용료를 즉시 지급하고, 그 결과를 바로 받아 활용하는 방식이다. 일종의 '자동화된 인터넷 요금소'가 웹에 붙는 셈이다.

X402의 진정한 가치는 결제를 웹의 부속 기능이 아니라 기본 기능으로 끌어올린다는 점에 있다. 지금까지 결제는 반드시 외부의 결제 게이트웨이를 거쳐야 했지만, X402는 요청, 결제, 응답이 모두 하나의 흐름 안에서 처리된다. 예를 들어 AI가 데이터를 요청하면, 서버는 '402 Payment Required'로 응답한다. 그러면 에이전트는 자체 지갑에서 스테이블코인을 전송하고, 서버는 유효한 결제임을 확인한 뒤 데이터를 반환한다. 이 모든 과정은 사람의 개입 없이 완결된다.

이 구조가 정착되면 결제는 더이상 별도로 거쳐야 하는 과정이 아니다. 인터넷 요청에 자연스럽게 녹아든 기능, 곧 웹 자체에 내장된 규칙이 된다. 따라서 X402는 단순히 읽고 쓰는 공간에 머물렀던 웹을, 스스로 비용을 지급하고 자율적으로 작동하는 경제 인프라로 전환하는 신호탄이 되고 있다.

AI 에이전트와 결제 네트워크의 미래

　웹 4.0 시대의 결제는 사람이 직접 버튼을 누르는 행위를 요구하지 않는다. AI 에이전트가 사용자의 대리인이 되어 데이터를 요청하고, 서비스 이용 과정에서 스스로 결제를 수행하기 때문이다. 이 과정에서 결제는 하나의 사건(event)이 아니라 연속된 데이터 흐름 속에 흡수되어 자연스럽게 처리된다. 이는 금융의 주체가 사람에서 소프트웨어로 이동하는 첫 장면이기도 하다.

　우리는 이 변화의 본질을 편의성 향상으로만 가볍게 볼 수는 없다. 결제가 코드에 내장된다는 것은, 사람의 개입 없이 기계와 기계가 비용을 지급하는 디지털경제가 실현된다는 뜻이다. 자율주행차는 교통 데이터나 지도 업데이트를 실시간으로 구매하고, 스마트 가전은 전력망에 직접 연결되어 초 단위로 에너지를 결제한다. 이것이 바로 M2M(machine-to-machine, 기계 간 또는 사물 간 통신) 결제가 열어갈 새로운 경제 질서다.

　이때 블록체인은 자동화 결제를 지탱하는 신뢰 인프라로 작동한다. X402가 결제 요청을 주고받는 표준 언어라면, 스테이블코인은 이 언어를 실제 화폐 가치로 변환하는 매개체다. 블록체인은 결제 기록을 변경 불가능한 형태로 남기고, 스마트 계약은 조건에 따라 결제를 자동으로 집행한다. '누가 지급했고 누가 받았는가'가 명확히 기록되므로, 중개자 없이도 누구나 안심하고 거래할 수 있는 기반이 형성된다.

중앙은행의 공공 인프라 역시 이 생태계와 긴밀하게 연결될 가능성이 크다. 중국의 디지털 위안(e-CNY)은 이미 수조 위안 규모의 시범 거래를 실시했고, 미국의 페드나우(FedNow)는 2023년 가동 이후 실시간 소액결제 인프라로 자리 잡았다. 아직은 중앙은행이 독립적으로 운영하는 체계지만, 향후 이들이 X402 같은 민간 표준 프로토콜과 연결된다면, 공공이 보장하는 신뢰성과 민간 네트워크의 속도가 결합한 하이브리드 결제망이 탄생할 수 있다. 국가 인프라와 시장 프로토콜이 동시에 작동하는 장면은 머지않아 현실이 될 가능성이 크다.

이 변화는 기업 간 거래(B2B) 구조부터 재편할 것이다. 공급망 기업은 재고 관리 시스템이 자동으로 결제를 실행해 부품을 발주하고, 서비스 기업은 API 사용량에 따라 실시간 요금을 정산받는다. 소비자 거래(B2C) 또한 결제는 자동화되어 구독 서비스나 디지털 콘텐츠 구매가 시스템 간 신호로 처리된다.

앞으로 웹 4.0의 결제 네트워크는 인간, AI, 시스템이 동시에 얽히는 복합 생태계로 진화할 것이다. X402 같은 표준은 이 생태계의 언어가 되고, 스테이블코인과 블록체인은 이 언어에 가치를 부여하는 매개체가 된다. 그 결과, 결제는 금융의 주된 기능으로써 웹 4.0 경제를 구동하는 핵심 동력으로 자리매김하게 된다.

생성형 AI의 궤적

3

누구나 기억할 것이다. 생성형 AI가 세상에 등장했을 때 우리는 처음으로 컴퓨터와 '대화한다'는 경험을 했다. 단순히 정보를 찾는 검색과는 전혀 다른 감각이었다. 대화창 속 AI는 질문에 답하는 수준을 넘어 생각을 이어가고 문장을 완성하며 마치 대화를 나누는 파트너처럼 다가왔다. 그 순간 사람들은 놀람과 동시에 무언가 거대한 전환이 시작되고 있음을 직감하기 시작했다.

생성형 AI와의 첫 만남

생성형 AI와의 대화는 신선한 충격이었다. 인간과 기계의 관계가 지시와 응답에서 대화와 협력으로 바뀌는 출발점이었기 때문이다. 학생은 에세이를 쓰며 도움을 받았고, 직장인은 복잡한 보고서를 정리했으며, 연구자는 가설을 검토했다. 익숙한 작업의 흐름 속으로 기계가 자연스럽게 스며들며 어느새 하나의 동료처럼 자리 잡기 시작했다.

더 주목할 점은 변화의 확산 속도였다. 학문, 디자인, 비즈니스 등 어떤 영역에서든 AI는 곧바로 사용되었고, 생산성과 창의성을 동시에 자극했다. 누군가는 지브리풍 애니메이션 이미지를 몇 초 만에 생성했고, 이를 본 사람들은 SNS에 열광적인 반응을 쏟아냈다. 효율과 상상력, 계산과 직관이 하나의 지점에서 만나는 경험에 대중은 매료되었고, 다각도로 전해진 변화의 충격은 순식간에 사회 전반으로 퍼지며 웹 4.0의 등장을 알렸다.

웹 4.0은 인간과 기계가 새로운 방식으로 함께 일하기 시작한 순간을 가리키는 이름이다. 생성형 AI와의 만남은 기술의 진화를 넘어 웹의 이용방식 전체를 다시 세우는 새로운 질서의 개막을 알린 사건이었다. 이후 등장할 AI 에이전트, 특화 모델, 범용 인공지능은 모두 이 출발점 위에서 진화하게 된다.

AI 에이전트와 버티컬 LLM

챗봇 중심의 대화형 AI는 이미 일상 깊숙이 스며들었다. 그러나 지금 우리가 마주한 변화는 단순한 대화의 진화가 아니다. AI가 대답하는 존재에서 행동하는 존재, 곧 에이전트(agent)로 진화하고 있다. 스스로 검색을 실행하고, 외부 도구를 호출하며, 사용자의 요청을 스스로 분해해 해결책을 찾아낸다. 이러한 모습은 불과 몇 년 전까지만 해도 상상 속에서만 가능한 일이었다.

이 거대한 전환을 앞당긴 핵심 기술이 바로 MCP(Model Context Protocol)와 A2A(Agent-to-Agent) 구조다. 2024년 말, 클로드를 개발한 앤트로픽은 MCP를 공개하며 AI가 외부 데이터베이스와 애플리케이션에 표준화된 방식으로 연결되는 길을 열었다. 모델은 더이상 폐쇄된 대화창에 갇혀 있지 않았다. 이어 구글이 제안한 A2A는 한 단계 더 나아간 개념이었다. 이름 그대로 에이전트끼리 대화하며 작업을 나누어 협업하는 구조다. 한 에이전트가 다른 에이전트에 데이터를 요청하고, 그 응답을 바탕으로 다음 행동을 실행하는 과정은 이미 실험 환경에서 작동 중이다. 여기에 API 호출, 비용 계산, 나아가 스테이블코인 기반 결제까지 결합할 수 있다는 발상이 더해졌다. 상상은 끝나고 구현이 시작되었다.

이 변화는 인간의 역할까지 바꾸어 버렸다. 과거에는 사용자가 일일이 지시를 내리는 관리자였다. 하지만 이제는 목표를 제시하고 흐름을 설계하는 감독자로 변모하고 있다. 세부 절차는 에이전트가 알

아서 처리하고, 인간은 최종 방향과 결과만 확인한다.

여기에 또다른 모델이 합류한다. 금융, 의료, 법률, 교육 등 특정 산업에 최적화된 버티컬 LLM(Vertical Large Language Model, 거대 언어 모델)이다. 환자는 의료 특화 모델을 통해 더 빠른 진단을 받고, 변호사는 법률 데이터베이스와 연결된 모델로 복잡한 판례를 단숨에 탐색한다. 일반형 모델이 기초적 지원을 제공했다면, 버티컬 LLM은 각 산업 깊숙이 침투해 혁신을 촉발하는 전문 도구로 작동한다.

이 파급력은 기업과 정부의 운영 방식에도 영향을 미친다. 기업은 경영 전략 수립에 AI의 분석을 반영하고, 정부는 정책 시뮬레이션을 위해 특화 모델을 활용한다. 단순 참고가 아니다. 의사결정의 구조 자체가 인간과 AI의 협업으로 재편되고 있다.

노동 시장 역시 재구성될 가능성이 크다. 규칙 기반의 반복적 업무는 AI 에이전트에게 위임하고, 인간은 창의적 기획과 복합적 문제 해결에 집중한다. 단순히 일자리가 줄어든다는 뜻이 아니다. 직무의 성격이 바뀌고, 인간과 기계가 역할을 분담하는 새로운 노동 생태계가 등장할 수 있다는 가능성이다.

모든 흐름을 종합해보면, 지금의 국면은 분명하다. 우리는 디지털 전환(Digital eXchange, DX)의 시대를 지나, AI 전환(AI eXchange, AX)의 분수령 위에 서 있다. 아니, 어쩌면 이미 지났을지 모른다. DX가 속도와 효율을 추구했다면, AX는 자율성과 협력을 새로운 기준으로 삼는다. AI 에이전트와 버티컬 LLM은 이 전환을 이끄는 핵심 축으로, 다가오는 웹 4.0 시대의 사회 구조를 다시 설계할 엔진이 되고 있다.

초지능의 출발선에서,
웹 4.0이 던지는 질문

전문가들은 장기적으로 AGI(Artificial General Intelligence, 범용 인공지능)의 등장을 예측한다. 그러나 여기서 '장기적'이라는 표현을 10년 이상의 먼 미래로 오해해서는 안 된다. 기술의 속도가 너무 빠르기 때문이다. 불과 3~5년 안에 AGI의 등장을 진지하게 논의해야 할 시점이 찾아올 수도 있다. 인간이 수행해온 대부분의 인지 과제를 처리할 수 있는 존재가 이제 현실의 테이블 위로 올라오고 있다.

AGI는 성능이 강화된 기존의 챗봇이 아니다. 이것은 학습, 추론, 문제 해결, 창작을 인간 수준 혹은 그 이상으로 수행하는 지적 구조다. 인간이 감독자고 AI가 수행자라는 위계가 무너질 수도 있다. 이 지점에서 웹 4.0은 AI를 데이터 처리 도구에서 사회의 협력 파트너로 끌어올리는 전환을 맞이하게 된다. 이는 기술의 진보를 넘어선 사회 운영 방식 자체의 재편이다.

AGI의 다음 문턱에는 ASI(Artificial Superintelligence, 초지능 인공지능)의 가능성이 놓여 있다. 인간의 인지 능력을 완전히 초월하는 존재가 등장한다면, 사회는 지식과 제도, 시장과 윤리, 교육과 거버넌스 등 문명 체계 전반을 다시 설계해야 할지 모른다.

이 과정에서 버티컬 LLM 역시 또다른 방식으로 진화할 것이다. 일반적인 조언 제공을 넘어 새로운 지식과 해결책을 창출하는 산업 혁신의 주체로 자리 잡게 된다. 특정 산업에서 혁신가로 부상한 AI는 결국 AGI의 일부로 통합되어, 인간과 기계가 공동 창업자처럼 협력하는 장면이 현실로 다가올 수 있다.

글로벌 차원에서도 균열은 더 커진다. 어떤 국가는 AGI를 선점하며 국가 경쟁력을 극대화할 것이고, 다른 국가는 기술 격차 속에서 뒤처지게 된다. 이는 경제적 차이를 넘어 사회 체계 전반의 격차로 이어질 수 있다. 그래서 웹 4.0은 국경을 초월한 협력과 새로운 거버넌스 체계를 요구한다.

AGI와 ASI의 등장은 변화의 물결을 동반하며 우리에게 가능성과 두려움을 동시에 안겨준다. 그러나 무엇보다 이 모든 변화가 던지는 가장 본질적인 질문은 '인간 정체성'이다. AI가 사고하고 판단하는 시대에 인간만의 고유한 역할은 무엇인가. 우리는 이 질문에 대한 답을 창의성, 윤리적 판단, 공동체적 연대 같은 영역에서 찾게 될 것이다. 오히려 기술이 발전할수록 인간다운 능력은 더욱 큰 가치를 갖는다. 이때 기술은 인간을 대체하는 것이 아니라 인간의 본질을 다시 묻는 거울이 된다.

마지막 질문,
웹 4.0과 우리의 자세

---- 8장 ----

웹 4.0은 기술 혁신의 마지막 장이 아니다. 오히려 사회의 운영 방식, 경제의 조직 원리, 신뢰 형성의 질서를 다시 쓰는 출발점이다. 웹 4.0은 우리가 채워야 할 미완의 공간이며, 선택과 책임이 공존하는 열린 무대다. 따라서 결론은 닫힌 답이 아니라 열린 질문이다. 우리가 어떤 자세로 웹 4.0을 채울 것인가. 미래는 아직 정해지지 않았고, 선택은 우리의 몫이다. 마지막 장에서는 다가올 시대를 준비하기 위한 열린 질문과 선택지를 독자 앞에 놓으려 한다.

현실을 만드는 힘,
규범·정부·운영

1

웹 4.0은 코드와 규칙이 맞물려 작동하는 세계다. 우리가 눈으로 보는 것은 서비스와 플랫폼이지만, 그 이면에서 움직이는 것은 보이지 않는 규범, 곧 코드다. 규범이 문서에만 머무르지 않고 지표와 절차 속에서 살아 움직일 때 사회는 비로소 신뢰를 확보한다.

웹 4.0의 디지털경제는 이 보이지 않는 규범을 얼마나 정교하게 설계하느냐에 달려 있다. 규범이 허술하면 신뢰는 쉽게 무너지고, 과도하면 혁신은 움츠러든다. 균형을 잡는 일은 법률가만의 몫도, 기술자만의 몫도 아니다. 사회가 공유할 수 있는 최소한의 합의, 그리고 그 합의를 코드로 옮길 수 있는 능력이 함께 요구된다.

이 점에서 정부의 역할이 중요해진다. 정부는 규제의 수호자가 아니라 새로운 질서를 조율하는 촉진자가 되어야 한다. 법은 최소한의 기준을 제시하되 기술이 자유롭게 실험되고 검증될 수 있는 공간을 열어야 한다.

기업의 운영 방식도 달라져야 한다. 책임 있는 운영은 이제 선언이 아니라 숫자로 증명되어야 하는 약속이다. 기업이 제시하는 수치와 공공, 민간, 학계의 협력체가 만든 공동의 규칙이 맞물릴 때, 웹 4.0은 추상적 담론이 아니라 구체적 경제 질서로 자리 잡는다.

보이지 않는 규범의 설계

전자지갑이 돈을 송금하고 AI 에이전트가 계약을 실행하는 순간 이미 정해진 조건과 절차가 자동으로 작동한다. 겉으로는 보이지 않지만 실상은 코드가 권한을 행사하며 질서를 만들어낸다.

코드와 알고리즘이 세상을 움직인 것이 이번이 처음은 아니다. 웹 2.0에서는 추천 알고리즘이 소비자의 선택을 좌우했고, 웹 3.0에서는 스마트 계약이 탈중앙 금융을 가능하게 했다.

그러나 웹 4.0에 들어서면서 이 기술적 규범은 보조 기능을 넘어 경제와 제도의 기본 틀을 직접 설계하는 단계로 진화한다. 과거에는 부속 장치였지만 이제는 스스로 규칙이 되어 사회 운영을 이끄는 구조로 부상하고 있다.

도시의 주차 시스템을 생각해보자. 과거에는 주차 요금 규정이 문서로 정해지고 관리원이 단속을 맡았다. 그러나 웹 4.0에서는 센서, AI, 블록체인이 결합해 이 역할을 대신한다. 차량이 진입하면 센서가 기록을 남기고, AI가 혼잡도를 계산해 요금을 실시간으로 조정하며, 블록체인은 즉시 결제를 확정한다. 이 과정에서 사람의 재량은 사라지고, 규칙이 곧 시스템이 되어 질서를 만든다.

공공 보조금 제도도 좋은 사례다. 지금도 앱을 통한 자동 지급이 있지만 여전히 신청과 심사가 전제된다. 반면 웹 4.0에서는 조건 충족 자체가 곧 집행이다. 소득, 세금, 가구 구성 정보가 블록체인에 연동되고 AI가 실시간으로 검증하면, 별도의 신청이나 승인 과정 없이 지급이 자동 실행된다. 피상적인 디지털 행정이 아니라 법, 제도, 코드가 완전히 합쳐져 규범이 현실에서 작동하는 구조다.

변화의 핵심은 법, 제도, 코드가 서로 맞물려 작동하는 방식에 있다. 법은 원칙을 세우지만, 기술은 그 원칙을 실제 절차와 코드로 변환한다. 가령 개인정보 보호라는 규범은 단순히 법적 문구에 머물지 않고, 실제로는 데이터 저장 기간, 암호화 방식, 로그 공개 범위 같은 세부 코드 속에서 구현된다.

보이지 않는 규범의 설계는 미래를 위한 가장 근본적인 작업이다. 우리가 일상에서 누리는 결제의 편리함, 개인정보 보호, AI 추천의 신뢰도는 모두 규범의 완성도에 달려 있다.

규제에서 촉진으로, 정부 역할의 전환

이 보이지 않는 규범을 가장 먼저 다루게 될 주체는 정부다. 지금까지 정부는 규칙을 만들고 위반을 단속하는 규제자의 위치에 있었다. 새로운 기술이 등장하면 먼저 금지와 제한이 따랐고, 시간이 흐른 뒤에야 예외적 허용이 논의되곤 했다. 그러나 웹 4.0 시대에는 이런 방식이 유효하지 않을 수 있다. 변화의 속도는 제도보다 빠르고, 규범은 이미 코드 속에 구현되어 작동하기 때문이다. 따라서 정부의 역할은 위반 단속자에서 새로운 질서의 촉진자로 이동해야 한다.

규제자에서 촉진자로의 전환을 위해 가장 먼저 해야 할 일은 프로세스의 설계다. 새로운 서비스가 등장했을 때, 과거의 '금지 – 심사 – 허용'의 순환 대신 '접수 – 위험 평가 – 한시 허용 – 사후 검증'의 순환으로 전환해야 한다. 과거 정부가 규제로 방패를 만들었다면, 이제는 실험을 안전하게 뒷받침할 울타리가 되어야 한다.

이 변화는 특히 데이터 영역에서 두드러진다. 과거 정부는 데이터를 보관하거나 통계로 가공해 공개하는 데 머물렀다. 하지만 웹 4.0에서는 데이터가 곧 자산이자 규범 집행 도구다. 데이터의 안전하고 자유로운 활용을 위해 정부는 데이터 신탁이나 데이터 펀드, 라이선스 레벨과 같은 제도적 장치를 마련해야 한다.

데이터 신탁은 데이터를 대신 관리해주는 공적 수탁 기구다. 개인이 직접 통제하기 어려운 데이터를 신탁 기관에 맡기면 기관이 안전하게 관리하고 거래 조건을 정해준다.

라이선스 레벨은 데이터를 사용할 수 있는 권한을 단계별로 나눈 규칙 체계다. 공개 데이터는 누구에게나 열려 있고, 민감 데이터는 연구나 비영리 목적에 한해 제한적으로 허용되는 방식이다. 이 구조 속에서 정부는 단순 보관인이 아니라 신뢰를 보장하는 중재자이자 설계자로 기능한다.

국가 인프라의 투자 기준 역시 달라진다. 서버 용량이나 속도 확장을 넘어 탄소 중립성, 사이버 보안, 재난 회복력 같은 지속성 지표를 함께 고려해야 한다. 기술이 실질적인 사회 인프라로 편입되는 순간, 정부의 투자 결정은 곧 사회적 신뢰의 척도가 된다.

정부가 촉진자로 전환되는 순간, 제도는 장애물이 아니라 실험의 안전망이 되고, 데이터는 위협의 대상이 아니라 공동의 자산으로 인식된다. 규제의 시대가 끝나는 것이 아니라 규제가 사회 혁신을 북돋우는 방식으로 재편되게 된다.

책임은 숫자로, 협력은 구조로

웹 4.0은 기업에도 새로운 운영 방식을 요구한다. 비전이나 슬로건만으로는 신뢰를 증명할 수 없다. 시장이 궁금해하는 것은 기업이 내세우는 가치가 아니라 이것을 뒷받침하는 운영 지표이기 때문이다. AI 모델은 얼마나 자주 업데이트되는가, 성능 편차는 어느 수준까지 허용되는가, 보안 사고 발생 시 탐지와 대응에 걸리는 평균 시간은 얼마인가. 이처럼 숫자와 절차가 곧 책임의 언어가 되는 시대다. 우리는 결제 속도, 보안 경고의 대응 시간, 서비스의 지속성 같은 일상의 수치 속에서 변화의 차이를 직접 체감할 수 있다.

그러나 모든 운영의 책임을 기업이 홀로 감당하기에는 벅차다. 무대는 너무 넓고 복잡해 단일 기업의 역량만으로는 충분하지 않다. 따라서 공공, 민간, 학계가 함께 짜는 협력 구조가 전제되어야 한다. 정부는 심판관이 아니라 규칙의 기록자로 전환하고, 기업은 운영 책임과 함께 새로운 서비스를 실험하며, 학계는 데이터 검증과 인재 공급을 통해 지식 기반의 안전판이 되어야 한다.

구체적인 운영 항목은 이미 협력 의제로 떠오르고 있다. 데이터를 어느 수준까지 공개할 것인가, 로그 기록은 어떤 주기로 공개할 것인가, AI 윤리 심의는 어떤 절차로 진행할 것인가. 이 모두가 기업의 선택이면서 동시에 사회가 합의해야 할 규범이다. 예를 들어 한 핀테크 기업이 ESG 관련 데이터를 블록체인에 기록한다면, 이것은 단순한 정보 공개에 그치지 않고, 투자자와 고객이 직접 확인할 수 있는 운영 약속이 된다.

정부가 앞서 언급한 데이터 신탁과 라이선스 레벨을 마련하면, 개인은 데이터 위임을 통해 권리를 지킬 수 있고, 기업은 명확한 기준 속에서 데이터를 활용할 수 있다. 학계가 중간에서 검증 연구와 실험 평가를 담당한다면, 규범은 개념에 머물지 않고 실제 작동하는 절차로 전환할 것이다. 책임은 협력이 제도화될 때 비로소 실행력을 갖는다.

운영지표를 관리하지 못하는 기업은 시장에서 외면당하지만, 운영 투명성을 선제적으로 구축한 기업은 오히려 새로운 시장 표준이 된다. 협력 생태계도 마찬가지다. 단독으로 움직이는 조직은 쉽게 한계에 부딪히지만, 공공, 민간, 학계의 삼각 협력은 국제 표준 논의로까지 확장되며 더 큰 신뢰 자산을 축적할 수 있다.

미래 준비를 위한
인재, 기술, 제도의 삼위일체

사회가 변화의 속도를 따라잡지 못하는 순간 제도는 순식간에 무력해지고 기업은 기회를 잃을 수 있다. 그렇다면 미래를 위한 준비는 어디에서 출발해야 할까. 인재, 기술, 제도, 그리고 조율 장치가 수레바퀴처럼 맞물려 돌아갈 때, 웹 4.0의 경제는 비로소 현실에 뿌리내릴 수 있다.

첫째, 인재다. 한 대학의 강의실을 떠올려 보자. 과거에는 컴퓨터 공학, 법학, 경제학이 분리되어 존재했지만, 웹 4.0을 준비하는 교실에는 한 프로젝트 안에서 이 모든 영역이 교차한다. 예컨대 'AI 기반 토큰 증권 발행' 과제를 맡은 학생들은 코드 작성, 규제 검토, 시장 시뮬레이션을 동시에 다룬다. 단일 전공이 아닌 융합적 사고 능력, 이것이 웹 4.0 시대 인재의 핵심 역량이다.

둘째, 기술이다. 웹 4.0에서 기술은 효용의 수단이면서 제도와 시장을 떠받치는 기반이다. 글로벌 기업들이 데이터 센터의 탄소 배출을 줄이기 위해 벌이는 경쟁은 기술이 환경 규범과 결합하는 방식이고, 금융기관이 실시간 결제를 위해 자동 정산을 실험하는 모습은 기술이 금융 규칙을 새로 쓰는 과정이다. 최근 일부 국가가 AI 모델을 검증하기 위해 레드팀 실험실을 상설화한 것 역시, 기술 점검을 제도화해 신뢰를 확보하려는 시도다. 결국 기술 준비는 규범과 시장을 함께 준비하는 일이다.

셋째, 제도다. 조세 환급을 예로 들어보자. 지금은 연말정산이나 분기별 신고를 거쳐야 환급이 이루어진다. 그러나 웹 4.0에서는 거래 데이터와 소득 정보가 블록체인에 기록되고 AI가 이를 실시간으로 검증한다. 조건이 충족되면 환급액은 자동 송금되어 복잡한 서류나 기다림은 사라진다. 법은 원칙을 세우고, 기술은 절차를 표준화하며, 제도는 이 두 요소를 사회적으로 승인한다.

마지막으로 필요한 것은 조율 장치다. 기업과 정부가 함께 약속을 이행하려면 공통된 도구가 필요하다. 분기마다 진척 상황을 기록하는 로드맵, 보안과 윤리와 평판의 위험을 사전에 점검하는 체크리스트, 분쟁 발생 시 블록체인의 기록을 증거로 삼는 절차 등이다. 이 장치들이 공적 운영 체계로 편입되는 순간, 혁신은 실험을 넘어 공유된 규칙이 된다.

웹 4.0의 미래를 준비한다는 것은 사람, 기술, 규범이라는 서로 다른 속도의 축을 조율하는 일이다. 여기서 우리가 얻는 영감은 확실하다. '준비하지 않은 미래는 오지 않는다.'

이미 징후는 교실의 융합 수업, 기업의 레드팀, 정부의 자동화 행정 등 일상 곳곳에서 나타나고 있다. 이 흐름을 놓치지 않고 인재, 기술, 제도라는 삼위일체로 엮어낼 때, 웹 4.0은 개념적 전망이 아니라 눈앞에 다가올 경제 질서가 된다.

웹 4.0 시대를 맞이하는
우리의 자세

2

 증기기관이 등장했을 때 사람들은 일자리를 잃을까 두려워했고, 인터넷이 확산할 당시에는 기존 질서가 무너질 것이라 걱정했다. 거대한 기술 변화는 언제나 의심과 경계 속에 등장했다. 웹 4.0도 예외는 아니다. 웹 4.0 역시 낯섦이 만든 불안을 동반한다. 그러나 기술은 두려움보다 호기심을 통해 더 잘 이해되고 더 넓게 수용됨을 역사는 반복해서 증명해 왔다.

 웹 4.0의 핵심은 AI와 블록체인의 결합이다. 이것이 가져올 자동화, 투명성, 디지털경제의 질서는 기존 사회의 관습을 흔들 수 있다. 하지만 낯설다는 이유로 외면한다면 기회는 준비된 이에게 넘어간다. 호기심을 갖고 탐구할 때만 우리는 변화의 속도를 따라잡을 수 있다.

두려움 대신 호기심

두려움은 사람을 수동적으로 만들지만, 호기심은 능동적 태도를 끌어낸다. 데이터 주권, 에이전트 결제, 분산 네트워크 같은 개념은 처음에는 낯설고 어렵게 느껴지지만, 이해의 문이 열리는 순간 새로운 기회로 전환된다. 웹 4.0은 호기심 많은 이들에게 열린 교과서와도 같다.

호기심은 단순히 기술을 배우는 태도가 아니다. 이것은 상상력의 출발점이며, 새로운 가능성을 발견해내는 마음 속 엔진이다. 누군가는 AI 에이전트를 활용해 창업을 구상하고, 또 누군가는 블록체인 기반의 공동체 모델을 상상한다. 웹 4.0은 이러한 상상들을 실험할 수 있는 사회적 무대다.

이 태도는 개인에게만 필요한 것이 아니다. 기업과 공동체 또한 두려움에서 벗어나 호기심으로 나아가야 한다. 두려움에 갇힌 기업은 혁신의 파도를 외면하다 정체되고, 호기심을 실천한 기업은 새로운 시장을 발견한다. 정부 또한 위험을 경계하면서도 실험을 허용하는 유연성을 가져야 한다. 호기심이 제도화될 때 사회는 변화 속에서도 길을 잃지 않는다.

웹 4.0 시대를 맞이하는 첫 번째 자세는 호기심이다. 두려움은 마음을 닫지만, 호기심은 미래를 연다. 기술은 준비된 자에게 도구가 되지만, 준비하지 못한 자에게는 위협이 된다. 호기심을 선택하는 순간, 우리는 비로소 미래와 대화할 수 있는 자격을 갖게 된다.

참여의 권리, 책임의 무게

웹 4.0 시대는 우리를 수동적 소비자로 머물게 하지 않는다. 데이터, 결제, 정보의 흐름 속에서 우리는 모두 직간접적인 참여자가 된다. 단순히 서비스를 이용하는 데서 멈추지 말고, 네트워크의 운영 주체로서 목소리를 내야 한다. 참여하지 않으면 기술이 대신 우리를 정의하게 된다.

그러나 참여는 곧 책임을 수반한다. 자신의 데이터를 타인에게 제공하거나 공유할 때, 이 행위가 초래할 결과를 인식해야 한다. AI 에이전트에게 권한을 위임할 때도 판단의 무게는 오롯이 개인 각자에게 있다. 웹 4.0은 권리를 넓혀주는 대신 그 대가로 책임의 주체를 명확히 '나'로 지목한다.

기업 역시 책임에서 자유롭지 않다. 자동화된 결제와 블록체인 기록은 경영의 투명성을 강조한다. 소비자는 단순 구매자가 아니라 기업의 행보를 감시, 평가하는 참여자가 된다. 신뢰를 얻고자 하는 기업은 더 큰 책임을 자발적으로 수용해야 한다.

정부의 책임은 더욱 무겁다. 제도와 정책을 설계하는 일은 권력이 아니라 사회적 의무이다. 규제 실패는 기술의 남용으로 이어지고, 과도한 통제는 혁신을 가로막는다. 균형 잡힌 거버넌스를 구축하는 것, 이것이 웹 4.0 시대에 정부가 감당해야 할 책무다.

책임은 공동체 차원에서도 요구된다. AI와 블록체인이 사회 구조를 재편할 때, 협력과 연대 없이는 긍정적 효과를 확산하기 어렵다. 참여는 개인을 넘어 집단적 책임으로 확장되어야 한다. 공동체가 스스로 책임을 분담할 때만 사회는 지속성을 확보할 수 있다.

따라서 웹 4.0을 맞이하는 두 번째 자세는 주체적 참여와 책임이다. 소비자에서 참여자로, 객체에서 주체로 나아가야 한다. 책임을 회피하는 사회는 기술에 끌려가지만, 책임을 수용하는 사회는 기술을 주도한다. 다가오는 웹 4.0 시대, 이제 필요한 것은 기술을 다루는 우리의 태도다. 준비된 태도만이 기술을 인간의 방향으로 이끌 수 있다. 따라서 우리가 어떤 태도를 선택하느냐가 곧 미래의 질서를 결정할 것이다.

에필로그

웹 4.0은 처음엔 기술의 언어로 다가왔다. 인공지능의 알고리즘, 블록체인의 합의 구조, 데이터의 흐름 같은 개념이 이 세계를 설명하는 핵심이었다. 그러나 시간이 흐르며 우리는 이것이 단순한 기술적 혁신을 넘어 사회의 근간을 바꾸는 힘임을 깨닫게 되었다.

기술은 이제 사회를 설명하는 새로운 문법이 되었다. 투명한 기록은 공동체의 신뢰를 강화하고, 자동화된 결제는 경제적 포용성을 확장한다. 데이터 소유권은 개인의 권리를 넓히고, AI 에이전트는 노동의 성격을 새롭게 정의한다. 기술이 사회를 재구성하는 장면이 지금 우리의 눈앞에서 펼쳐지고 있다.

이 책이 걸어온 여정은 기술을 낯선 대상으로 두려워하는 태도에서 벗어나, 사회적 자산으로 바라보는 관점을 확인하는 과정이었다. 웹 4.0은 전문가만의 전유물이 아니다. 이것은 우리 모두의 일상과 직결되는 이야기다. 기술은 인간을 대체하기 위해 존재하는 것이 아니라 더 나은 협력과 더 공정한 사회를 만들기 위해 존재한다. 이 깨달음이 바로 기술에서 사회로 향하는 첫걸음이다.

웹 4.0이 가져올 변화는 개인과 기업, 정부와 국제 사회 모두가 함께 마주할 구조적 흐름이다. 누군가는 이 흐름을 기회로 삼아 새로운 질서를 만들고, 또 누군가는 두려움 속에서 뒤처지게 된다. 결국 미래는 기술이 아니라 기술을 마주한 사회 전체의 준비와 대응이 결정한다.

기술에서 사회로의 이동은 단순한 수사가 아니다. 웹 4.0을 어떻게 받아들이고 활용하느냐에 따라 전혀 다른 현실이 펼쳐진다. 기술은 도구에 불과하지만, 그 도구가 만드는 사회는 우리의 선택에 따라 달라진다. 이 책의 맺음말은 바로 이 변화와 선택의 의미를 강조하는 것으로 시작한다.

한국의 선택과 기회

웹 4.0의 거대한 파도는 세계 각국의 전략을 시험대 위에 올려놓았다. 미국은 스테이블코인을 통해 달러 패권을 디지털 시대까지 연장하려 하고, 중국은 e-CNY를 앞세워 무역과 금융에서 새로운 영향력을 구축하고 있다. 한국 역시 이 흐름 속에서 분명한 방향을 선택해야 한다.

원화 스테이블코인은 한국이 가진 카드 중 하나지만 강력한 전략 자산이 될 수 있다. 이를 통해 원화의 국제화가 실현된다면 한국의 디지털경제는 새로운 도약의 기반 위에 설 수 있다. 해외에서 활동하는 기업과 개인에게 원화 기반의 결제 인프라는 분명한 경쟁 우위로 작용할 수 있다.

웹 4.0은 원화를 국제 통화로 성장시킬 전례 없는 기회를 제공한다. 그러나 이 기회는 준비된 나라만이 거머쥘 수 있다. 발행 구조가 불안정하거나 규제 체계가 미비하면, 원화 스테이블코인은 국제 무대에서 신뢰를 얻기 어렵다. 정부, 금융기관, 기업, 학계가 함께 로드맵을 설계하고, 국내의 연대를 국제 경쟁력으로 전환해야 한다.

한국이 선제적으로 나선다면 추격자가 아니라 선도국이 될 수 있다. 아시아 금융 허브로서의 위상은 물론, 블록체인 기반의 무역과 결제 시스템의 표준을 제시할 기회도 열리게 된다. 웹 4.0은 규모가 큰 나라보다 전략이 빠른 나라에 더 큰 보상을 제공한다. 한국은 잠재력을 충분히 갖추고 있다.

따라서 우리의 선택은 분명하다. 원화 스테이블코인을 기반으로 원화의 국제화를 추진하고, 이를 웹 4.0 시대의 성장 엔진으로 삼아야 한다. 글로벌 통화 경쟁에서 방관자는 존재할 수 없다. 선택을 주저하는 순간, 기회는 다른 나라의 몫이 된다.

현재와 미래 세대

자동화와 인공지능은 우리의 생활을 바꾸지만, 그 변화 속에서 어떤 태도를 취할지는 전적으로 우리의 몫이다. 웹 4.0의 도래는 인간에게 단순한 기술 적응 이상의 과제를 던진다.

무엇보다 필요한 것은 책임 있는 태도다. AI 에이전트와 블록체인은 권리를 확장하는 동시에 책임을 요구한다. 데이터를 다루는 개인, 결정을 내리는 기업, 제도를 설계하는 정부 모두가 책임에서 자유로울 수 없다. 책임을 공유하는 문화가 자리 잡을 때만 사회는 기술을 온전히 신뢰할 수 있다.

웹 4.0은 세대 간의 문제이기도 하다. 지금 우리가 내리는 선택은 미래 세대가 살아갈 질서를 결정한다. 교육과 노동, 환경과 문화의 변화는 모두 다음 세대에게 직접적인 영향을 남긴다. 우리는 기술의 사용자지만, 다음 세대를 위한 설계자이기도 하다.

미래 세대에게 남겨야 할 가장 중요한 유산은 두 가지다. 하나는 기술을 활용하는 지혜, 다른 하나는 그 기술이 공동선(共同善)을 위해 쓰이도록 만드는 노력이다. 성장과 효율만을 추구한다면 웹 4.0은 불평등과 불안을 키울 수 있다. 그러나 가치와 책임이 함께할 때, 기술은 세대를 잇는 다리가 된다.

웹 4.0은 인간을 대체하기 위한 존재가 아니다. 오히려 인간이 더 깊이 사고하고, 더 넓게 협력하며, 더 멀리 내다보도록 도와준다. 기술은 우리의 한계를 드러내지만 동시에 가능성을 확장한다. 우리는 이 가능성을 어떻게 활용할지 선택할 자유를 가지고 있다.

따라서 우리의 자세는 명확하다. 두려움이 아닌 호기심으로, 방임이 아닌 책임으로, 단절이 아닌 연대로 나아가야 한다. 그렇게 할 때 웹 4.0은 세대를 연결하는 문명이 되고, 미래 세대는 우리가 만든 선택 위에서 더 자유롭고 더 행복한 걸음으로 자신들의 시대를 걸어갈 것이다.

열린 결말

이 책은 웹 4.0의 가능성과 도전을 다루었지만, 완결된 답을 제시하지는 않는다. 기술은 늘 예상보다 빠르고, 사회는 언제나 복잡하게 반응하기 때문이다. 결론이라는 말은 종착점이 아니라 또 하나의 출발점이다. 우리는 이제 막 새로운 길목에 들어서고 있다.

웹 4.0은 기술의 패러다임을 넘어 상상력과 창의력을 요구한다. 블록체인과 AI가 결합한 세상은 우리에게 새로운 문법을 제시하지만, 이 문법을 어떤 언어로 말할지는 정해져 있지 않다. 이것은 사회와 개인이 함께 써 내려가야 할 열린 서사이기 때문이다.

닫힌 결론은 안도감을 주지만, 열린 결론은 책임을 요구한다. 미래를 확정된 길이 아니라 만들어야 할 공간으로 바라보는 순간, 우리는 기술의 대상이 아니라 기술을 주도하는 주체가 된다. 웹 4.0은 바로 그 선택의 무대를 열어놓았다.

이제 독자에게 질문을 던질 차례다. 웹 4.0의 시대를 두려움 속에서 맞이할 것인가, 아니면 기회로 삼아 나아갈 것인가. 기술은 도구일 뿐이지만, 그 도구를 어떤 미래로 연결할지는 오롯이 우리의 몫이다. 각자의 선택이 사회의 방향을 바꾼다.

열린 결말은 또한 '함께'의 필요성을 일깨운다. 미래는 혼자 세우는 기념비가 아니라 함께 지어 올리는 건축물이다. 기업, 정부, 국제 사회가 머리를 맞대야 비로소 지속 가능한 질서가 만들어진다.

웹 4.0은 완성형이 아니라 과정이다. 챗봇에서 에이전트로, 산업

특화 모델에서 AGI와 ASI로 이어지는 여정은 여전히 진행 중이다. 예측이 어렵고 불안과 근심이 존재하지만, 그 불확실성은 곧 가능성의 다른 이름이기도 하다. 열린 결말이란, 가능성 위에 서 있는 우리 모두에게 주어진 초대장과도 같다.

따라서 이 책의 마지막 문장은 마침표가 아니라 쉼표다. 웹 4.0이 열어갈 시대는 독자가 지금부터 써 내려갈 새로운 이야기여야 한다. 우리는 그 서사의 일부이며 동시에 그 서사의 주인공이다. 열린 결말 속에서, 당신의 선택이 미래의 문장을 완성하게 될 것이다.

저자 소개

송민택

한양대학교 경영전문대학원 경영학과 겸임교수.
연세대학교 경영학과를 졸업하고 동 대학원에서 재무관리로 석사 학위를 받았으며, 동국대학교에서 핀테크와 인공지능 분야로 공학 박사 학위를 취득했다.
다음커뮤니케이션에서 경영전략·글로벌 담당 임원을 역임했고, 신한금융그룹과 우리금융지주에서는 디지털전략부장으로 활동했다. 이후 에이피더핀 부사장을 거쳐 동국대학교 공과대학 겸임교수를 지냈으며, 현재는 포스텍 데이터사이언스포럼 기획위원으로 활동 중이다.
주요 연구 분야는 디지털 금융, 디지털 자산, AI 기반 금융 시스템, 플랫폼 전략으로, 산업·정책·금융을 잇는 전문가로 평가받고 있다. 《전자신문》에 '송민택 교수의 핀테크 4.0', '송민택 교수의 D-엣지' 등 시리즈 칼럼을 연재하며 금융혁신 담론을 주도하고 있다.

길재식

전자신문 부국장.

2013년부터 핀테크, 블록체인, 금융 분야를 10년 넘게 취재해 온 금융전문 기자다. 디지털금융 영역에서 다수의 특종을 보도하며 전문성을 인정받았고, 여신금융기자단 간사로 활동했다. 전자신문 입사 전에는 디지털타임스에서 산업부 출입기자로 근무하며 부품, 소재, 반도체 등 첨단 테크 산업을 폭넓게 다뤘다.

동국대학교 핀테크블록체인 최고위 과정을 수료했으며, 현재 같은 분야의 석·박사 과정에서 연구를 이어가고 있다. 현장의 통찰과 산업적 이해를 기반으로 디지털경제 변화를 집요하게 추적해온 실무형 전문가다.

웹 4.0이 온다
AI와 블록체인이 만드는 디지털경제

초판 인쇄	2025년 11월 26일
초판 발행	2025년 12월 8일

지은이	송민택 길재식
편집	오연정 김승욱
디자인	조아름
마케팅	김도윤 양지연
브랜딩	함유지 박민재 이송이 박다솔 조다현 김하연 이준희
제작	강신은 김동욱 이순호

발행인	김승욱
펴낸곳	이콘출판(주)
출판등록	2003년 3월 12일 제406-2003-059호
주소	10881 경기도 파주시 회동길 455-3
전자우편	book@econbook.com
전화	031-8071-8677(편집부) 031-8071-8681(마케팅부)
팩스	031-8071-8672

ISBN   979-11-89318-79-6 03320